はじめに――消費者ニーズの解像度を高める、究極のニーズ発見法

消費者ニーズを反映した差別化ができない!?

「お客様に不満を聞いても、〝特にありません〟と言われるばかりで、目新しいニーズを発見することができない……」

こんな悩みを抱えていませんか？

技術革新により商品やサービスの差別化が困難になり、「コモディティ化」が進む今日。それでも、**競争に勝ち抜くためには、自社商品の優位性を確立しなければなりません。**この課題に、マーケティングや商品開発に携わる皆さんは日々頭を悩ませて

いることでしょう。

私は2005年からマーケティングリサーチの現場で活動し、これまで500件以上のプロジェクトで、消費者ニーズの発見を支援してきました。

2万人以上の消費者にインタビューを行ない、彼らの声を引き出してきましたが、クライアントの多くが共通して抱える悩みは、

「消費者ニーズを反映した差別化がうまくできない」

という点です。

情報があふれる今の時代、専門家であっても、消費者の本質的なニーズを見つけるのは簡単ではありません。本書では、独自メソッド**「ニーズ・ファインディング・メソッド」**を使い、マーケターたちの製品づくりや売上アップを支援してきた実績を基に、**消費者の本質的なニーズを見つける方法**を解説します。

「ニーズ・ファインディング・メソッド」の5つの原則

「ニーズ・ファインディング・メソッド」の5原則は次のとおりです。

①デプスインサイトクエスチョン：消費者インタビューを通じて、消費者の深層心理を明らかにする究極の質問技法。

②4セグメント・ブラッシュアップ：消費者ニーズの解像度を高める、知らなければ損をするニーズ4分類理論。

③ニーズ・ヴィジュアライズ：発見したニーズを整理し、重要なポイントを可視化する構造的フォーカススキル。

④ニーズ・フォーカス・コンセプトメイク：ニーズを売れるコンセプトに変換する翻訳メソッド。

⑤販売期待値シミュレート：売れるかどうか、コンセプトの商品購買確度を予想する手法。

本書では、以下のような方々にとって役立つ情報を提供します。

◎消費者が本当に求めているニーズを見つける方法がわからない人。
◎消費者調査の結果を効果的にマーケティングに活かせない人。
◎新商品開発のための最適な調査方法を模索している人。
◎消費者のニーズを引き出し、売れる訴求やコミュニケーションを考えたい人。
◎定量調査はよく行なうが、定性調査の経験が少ない人。
◎現在の消費者調査に物足りなさを感じている人。

本書で得られる2つの効用

本書で紹介するメソッドを実践することで、**消費者ニーズの理解が飛躍的に向上し、売れる商品コンセプトに落とし込むことができる**ようになります。

さらに、消費者心理を巧みに活用したコミュニケーション戦略によって、**リピーターを増やし、市場での優位性を高めることも可能**です。

ある食品メーカーでは、これまで担当者のインスピレーションに頼って商品開発を行なっていましたが、売上が徐々に下がっていき、今一度、他社との差別化を明確にする必要が出てきました。

そこで、「ニーズ・ファインディング・メソッド」を用いて、自社ブランドのロイヤルユーザーに調査を行ないました。

お客様が達成したいと考えている人生の目標（BEニーズ）は何か、それに対して、自社の商品はどのように貢献しているか（エンドベネフィット）を紐解いていき、1つの答えにたどり着きました。

それは、「機能や価格ではなく、人と人とをつなぐ役割」という結論だったそうです。

そのストーリーをTVCMや動画広告で展開し、多くの消費者に共感してもらえたことから、**売上を1・5倍に伸ばすことができた**と言います。

さあ、次はあなたの番です。

人の心の仕組みを理解し、「モノが売れない時代」において「売れる手応え」を得られる勝ち組の仕掛け人になろうではありませんか。

無意識に眠る「消費者ニーズ」を引き出し、商品&マーケティングに落とし込む方法、大公開

本書では、次のような構成で、**「消費者ニーズ」の解像度を高める方法**、そして、それを**商品開発やマーケティングに活用する方法**をお伝えしていきます。

第1章では、「見えざるニーズを探せ！　コモディティ化時代の消費者心理」と題して、「他社よりも良い商品なのになぜ売れないのか」という命題を掲げて、最新の消費者心理や行動の傾向を中心に解説します。

第2章「『深層消費者ニーズ』を丸裸にする」では、独自の定性調査メソッド「ニーズ・ファインディング・メソッド」の全体像を解説し、消費者ニーズの解像度を高めるために、どのようにフォーカスしていけばいいのか、私が培ってきた経験・知恵を活用しながらお伝えしていきます。

第3章「『ニーズ・ファインディング・メソッド』を実践する」では、章タイトル

どおりに、本メソッドの5つの原則に基づいた、メソッド実践法を解説していきます。

第4章では、「失敗事例から成功法則を理解する」と題して、消費者ニーズの発掘、活用における失敗事例を取り上げながら、成功法則を理解していきます。

第5章では、隠れた消費者ニーズに基づいた購買喚起ワードを活用した成功事例を見ていきます。そこから見えてくる、隠れた消費者ニーズやマーケティング手法のヒントをまとめていきます。

第6章「自分事化で、消費者ニーズがわかるようになる」では、マーケティングや商品開発の方々が陥りがちなワナから距離を置くためのマインド、向き合い方について、あらためて消費者心理分析専門家という立場から自戒を込めてお伝えします。

本書を通じて、**人の心の奥底に眠るニーズを解き明かし、「売れる」を確信できる新たなスキル**をぜひ身につけてください。消費者の心をつかむその鍵は、本書を読み終えたとき、あなたの手の中にあるはずです。

「消費者ニーズ」の解像度を高める◎CONTENTS

第1章 見えざるニーズを探せ! コモディティ化時代の消費者心理

第2章 「深層消費者ニーズ」を丸裸にする ――「ニーズ・ファインディング・メソッド」の全体像

【原則4】ニーズ・フォーカス・コンセプトメイク
フォーカスしたニーズから、売れるコンセプトを考える翻訳メソッド

第4章 失敗事例から成功法則を理解する

第5章 「購買喚起ワード」で商品が売れた成功事例

第6章 自分事化で、消費者ニーズがわかるようになる

装幀◎河南祐介（FANTAGRAPH）
本文デザイン&図版作成◎二神さやか
編集協力◎潮凪洋介
本文DTP◎株式会社キャップス

第1章

見えざるニーズを探せ！コモディティ化時代の消費者心理

「コモディティ化」「不満なし」の時代の抜け道はどこにある?

「まあまあ満足しています」

「特に不満はありません」

「しいていえば、もっと安くしてほしいです」

今まで顧客に対し実施してきたインタビューの中で、マーケターの皆さんはこのような言葉を耳にしているのではないでしょうか。

今の時代、商品・サービスの差別化は一段と難しくなっています。スマートフォンを例に取ってみましょう。高性能カメラ、長時間バッテリー、大容量ストレージ……、どのメーカーの製品もほぼ同じ機能を備えています。これこそが**「コモディティ化」の典型例**です。


先日打ち合わせをした、ある大手家電メーカーの商品企画担当者がこう嘆いていました。

「新製品の開発のたびに消費者調査をしているのですが、『今お使いの製品に不満はありますか？』と聞いても、ほとんどの人が『特にありません』と答えるんですよ。これじゃあ、何を改善して、どんな商品をつくればいいのかわからない……」

このようなお悩みを抱える企業は少なくありません。

しかし、**「不満がない」という回答は、実は氷山の一角**に過ぎません。

想像してみてください。あなたが毎日使っているキッチン。「特に不満を聞かれてもパッと思い浮かばないなあ」と思っていても、実は無意識のうちにちょっとした使いづらさを感じているかもしれません。

例えば、こんな感じです。

◎パンやトマトを切るときに包丁の切れ味が悪くて少々ストレス。
◎鍋の取っ手が熱くなりすぎて素手で持てない、毎回布で包んで持つのが面倒。
◎シンクを使った後、水滴の飛び散りを毎回拭くのが地味に面倒。

これらは、普段は意識していない小さな、小さな「不便」です。しかし、この**「無意識の不便」**こそが、イノベーションの種なのです。

消費者の無意識に潜む深層ニーズを掘り起こす2つの手法

では、どうすれば消費者の無意識に潜む深層ニーズを掘り起こせるのでしょうか？
本書では以下の手法で深層ニーズを掘り起こす方法をご紹介していきます。

◎**観察調査**：消費者に自分の行動をその都度記録してもらい、言葉にされない不便さを発見する。
◎**デプスインタビュー**：単に質問するだけでなく、消費者の日常生活や価値観まで踏み込んで深く掘り下げる。

これらの調査手法を用いて効果的な調査設計を行なうことで、表面的な「不満がない」という回答の奥に潜む真のニーズが見えてきます。

コモディティ化が進む現代だからこそ、消費者の深層心理を理解することが重要です。それは、単に商品を改善するだけでなく、ブランド全体の価値を高め、市場でのリーダーシップを確立する鍵となります。

他社よりも良い商品なのに、なぜ売れないのか？

「うちの商品は他社よりずっと安くて使いやすいんです。でも、なぜか売れないんですよね……」

こんな悩みを抱える企業は少なくありません。すばらしい商品を開発したのに売れないのは、なぜでしょうか？

その理由を探ってみましょう。いくつかの要因が考えられます。

①推しポイントが不明確

パッと見ただけで商品の良さが伝わらない場合、消費者は他の商品と比較した際に、その商品を手に取る理由を見つけられません。製品の特長や強みが明確に伝わっていないことが原因です。

【例】高機能な炊飯器を開発したが、「何がすごいの？」とひと目で理解できない。

②自分が使うイメージが湧かない

消費者がその商品を購入した際に、どんなときに使えそうか、どのような効果を期待できそうかが見えてこない場合、購入に踏み切る動機が弱くなります。使用後のイメージを想起させることができなければ、購入は躊躇《ちゅうちょ》されがちです。

【例】高性能な調理器具を開発したが、どんなときに使えそうか？　使うと、どうなれそうか？　が具体的にイメージできない。

③購入の後押しが弱い

消費者にとって、「これは信頼できそうだ」と認識する情報が不足していると、購入に踏み切ることができません。「買って失敗したくない」、そう思う人に向けてコミュニケーションを設計する必要があります。著名人の推薦、ランキング上位、口コミ評価、商品の良さを証明する根拠（研究結果）、有名なメーカー、歴史・伝統のある専門店等、最後のひと押しが必要になります。

【例】新しいサプリメントを開発したが、効果を裏付けるデータや口コミが不足している。

消費者が知りたいのは、「機能的な特長」ではなく、「どのように良いのか」——明確にすべき4要素

これらの問題は、商品が「機能的な特長」のみを伝えている場合に起こりがちです。重要なのは、その機能が消費者にとって「どのように良いのか」を伝えるために、以下の４つの要素を明確にすることです。

◎**ターゲット**：誰のための商品か？

◎**使用シーン**：どんなシーンで、どのように使用するのがいいか？
◎**エンドベネフィット**：使用して得られる消費者のメリットとは何か？
◎**RTB（Reason to Believe）**：ベネフィットは「どのような製品特長」によってもたらされるのか？

これらの要素を緻密に考え抜いて訴求することで、消費者は初めて「この商品は他社よりも優れている」と認識します。**「これは私に向けた商品だ」**と消費者に感じてもらえるかどうか。それが売れる商品を生み出す重要な鍵となります。

例えば、ある化粧品ブランドが開発した「美容液」のケースを見てみましょう。

◎**ターゲット**：30代後半〜40代の働く女性。
◎**使用シーン**：忙しい朝の準備時間。
◎**エンドベネフィット**：朝に使ってグッとハリツヤのある肌へ、自信を持って出社できる。

◎RTB：独自の美容成分Xが肌の奥深くまで浸透し、即効性のある潤いを与える。

このように、単なる機能の説明ではなく、**消費者の生活や感情に訴えかける形で商品の価値を伝える**ことが重要です。

「これは私のための商品だ！」「こうやって使えば良さそう！」と感じてもらえるかどうか。それが売れる商品を生み出す重要ポイントです。

情報過多で選択疲れする消費者

想像してみてください。あなたは新しいシャンプーを買おうとドラッグストアに立ち寄りました。目の前には、数十種類のシャンプーが所狭しと並んでいます。

「さらさらヘア」「ツヤ髪」「ボリュームアップ」……。

さまざまな謳《うた》い文句が目に飛び込んできます。

あなたは、どれを選べばいいのか、途方に暮れてしまうでしょう。そして、あなたは立ち尽くしてしまいます。

「どれを選べばいいんだ？」

これが、現代の消費者が日々直面している「選択疲れ」の現実です。

この状況は、一見豊かで便利に思えますが、実は消費者に負担をかけていると言えます。

「能動的」から「受動的」にシフトした消費者の購買行動——4つの要因

以前実施した消費者調査で、こんな声を聞きました。

「似たような商品が多すぎて、違いがよくわからない。結局、有名なブランドを選んでしまう」

「新しい商品を試すのが怖い。失敗したくないから、いつもと同じものを買う」

「正直、自分で選ぶのが面倒。インスタで人気のものを買えば間違いないのかな」

これらの声が示すのは、**消費者の購買行動が「能動的」から「受動的」にシフトしつつあるという事実**です。

その背景には、以下のような要因があります。

①情報過多による混乱

大量の情報にさらされる中で、本当に必要な情報を見極めるのは至難の業です。

②失敗への恐れ

新しいものを試して失敗するくらいなら、既知の安全な選択肢を選びたいという心理が働いています。

③時間的制約

忙しい現代人にとって、「商品比較に時間をかけることが大きな負担だ」と感じられています。

④他者依存の増加

ＳＮＳの検索・閲覧履歴によって自分に興味のある商品がお勧めされ、自分で探さなくても商品が買える時代になっています。SNSやインフルエンサーの影響力が増大し、「みんなが選んでいるから」という理由で商品を選ぶ傾向が強まっています。

このような状況の中、消費者の選択基準も変化しています。

今までは「何ができるか」を重視してモノが選ばれてきましたが、それではもう違いがわからない。これからは**「どうなれるか」が重要視される**ようになりつつあります。

例えば、

「髪をきれいにする」シャンプー　↓　「自信を持って外出できる」シャンプー

といったように、**その商品が自分の人生にどんな変化をもたらすのか。そこに焦点が当たり始めている**のです。

選択疲れの消費者に訴求する3つの視点例

選択肢があふれる現代だからこそ、消費者の「考える負担」を軽減し、直感的に「これだ！」と思えるような訴求が求められています。
例えば、以下のような視点で重要になります。

①シンプルで直感的な訴求

商品の良さを瞬時に伝える必要があります。複雑で考えさせる商品は、たとえ優れていても、消費者の選択肢から外される可能性が高くなります。

【例】朝シャンで24時間さらさら！　時短美髪シャンプー

②ストーリー性のある商品説明

商品の背景にある物語が、他との差別化を生み出します。

【例】フランスの有機農園で丁寧に育てられた、太陽の恵み豊かなラベンダーの香り

③信頼性の可視化

第三者の評価を効果的に活用し、選択の不安を取り除きます。

【例】美容師93％が推奨！　プロも認めた髪質改善シャンプー

「選択疲れ」は、消費者にとっては悩みの種ですが、マーケターにとっては新たな差別化のチャンスでもあります。

消費者の深層心理を理解し、「なぜこの商品が必要なのか」を明確に伝えることができれば、情報過多の時代にも、心に響く訴求をつくり出すことができます。

行動の95％を支配する「無意識の力」

あなたは自転車に乗るとき、意識して体を動かしていますか？　何も考えずに無意識に体が動きますか？

後者だという人がほとんどではないでしょうか？

実は、私たちの日常行動の大部分は、意識せずに行なわれています。心脳マーケティングの権威、ジェラルド・ザルトマン教授によれば、なんと人間の行動や思考の95％が無意識下で処理されていると言われています。

潜在意識（無意識）の氷山モデル

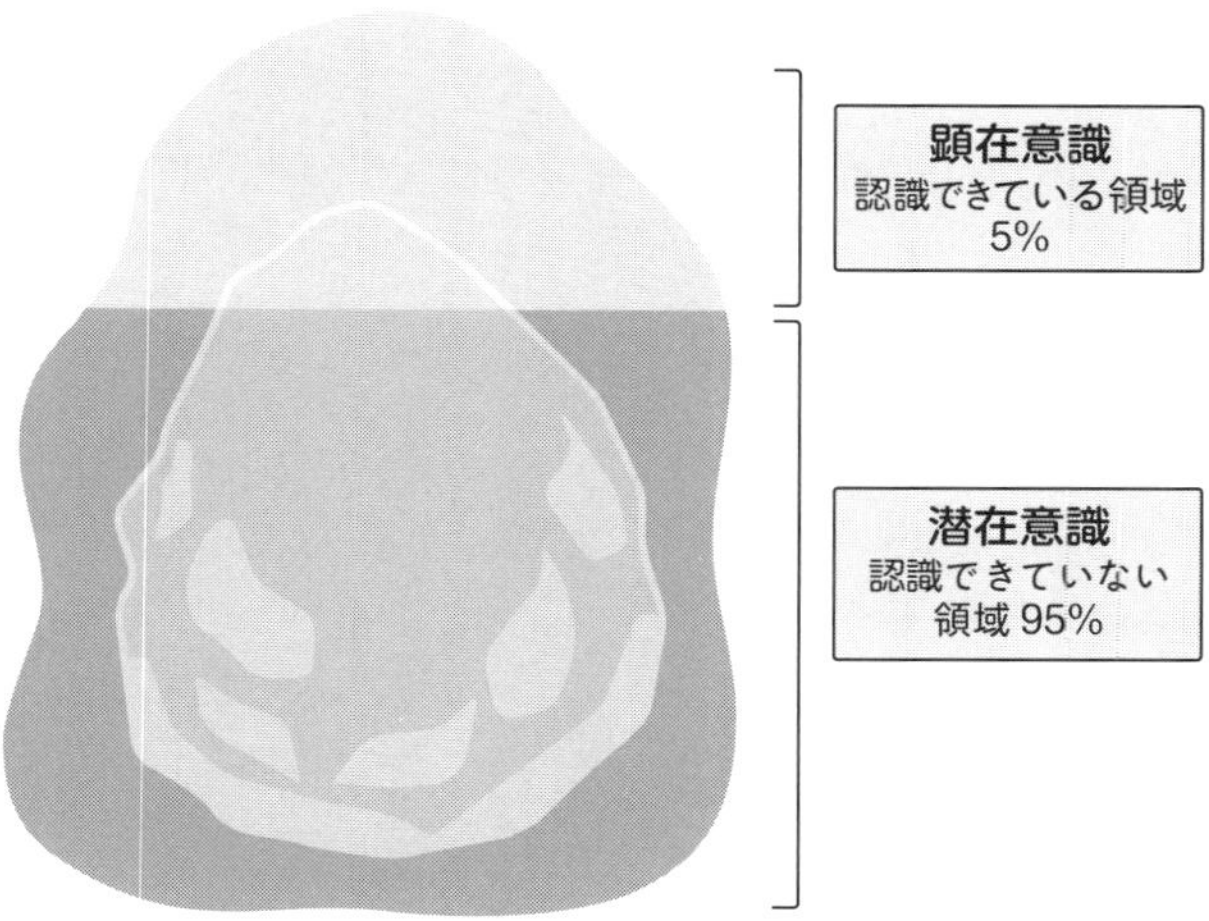

この現象は、よく「氷山モデル」にたとえられます。水面上に見える部分（意識的な思考）はわずか5％。残りの95％は水面下（無意識）に隠れています。

この「95％の法則」は、消費者行動にも大きな影響を与えています。商品選択や購買決定の多くが、実は無意識下で行なわれているのです。習慣化された購買行動や直感的な購買行動を人は説明することができません。

ニーズの発生モデル

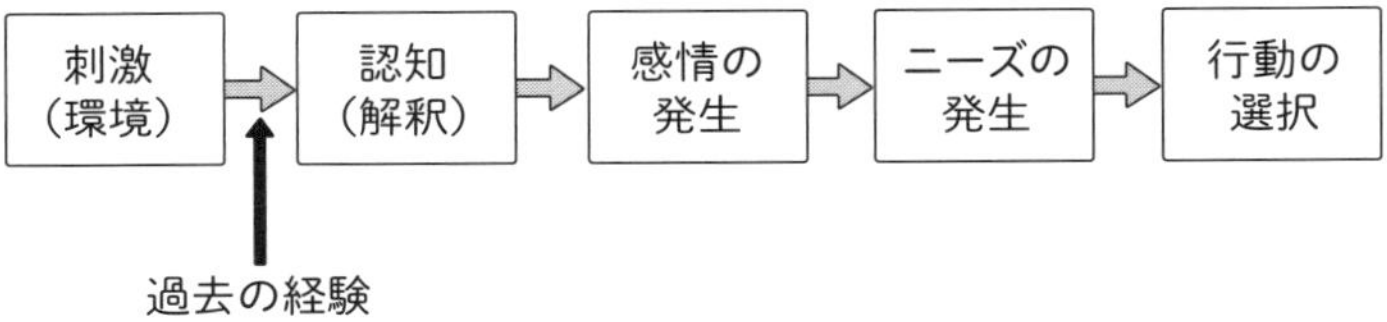

消費者は自分のニーズがわかっていない!?

——ニーズの発生モデル

人間の脳は、ニーズを認識し、行動に移すまでのプロセスを無意識に行なっています。つまり、商品を使うときも、普段の買い物でさえ、ほとんどが無意識で行なわれているということです。

つまり、消費者は、自分のニーズを明確に認識することはできていないということになります。

それでは、ニーズ・行動発生までのプロセスを見てみましょう。

まず、外部刺激もしくは身体感覚からの内発刺激によって、問題や欲求を認識するきっかけが発生します。刺激を受け取った脳が情報を解釈し、今起きている状況を認知します。ここで、過去の経験や今まで積み上げてきた知識がどのように物事を認知させるかに影響を与えます。

認知の結果として、好き嫌いや欲求などの感情が発生します。

感情の発生が引き金となって、特定のニーズが認識され、適切だと思われる行動を選択します。

いくつかの選択肢がある中で、**強い感情やニーズに基づき、１つの行動を選択する**ことになります。

無意識で行動を行なうことがほとんどであるため、消費者の記憶は非常にあいまいです。

人間の脳の仕組みによると、記憶は写真を見るようなものではなく、思い出すたびに再生されるものだと言われています。

つまり、質問の仕方によってどのようにでも答えが変わります。映像をどのように再生してもらうかによって、その結果が大きく変わることはよくあることです。

「商品を買わなかった理由は何ですか?」「どんな商品が欲しいですか?」など、それが本当かどうか聞いても、**消費者本人でさえわからないような質問をしてしまうと、間違った商品ができあがってしまう**ことはよくある間違いだと言えます。

言語化できていない無意識領域を、いかに正しい形で引き出すかが重要になります。**意識している5%を使って、残り95%の無意識領域や感情の世界にアクセスする**ことを試していくのが調査を行なう上で重要なポイントとだと言えます。

イノベーションのヒントをつかむ3つの未充足ニーズ

消費者の「満たされていないニーズ」——。これは、新たなビジネスチャンスの宝庫です。

しかし、その宝を見つけるのは簡単ではありません。なぜなら前述のとおり、多くの消費者は、自分が本当に何を欲しているのかを明確に認識できていないからです。

それでも、まだまだ多くの満たされていないニーズが存在します。ここでは、その

未充足ニーズを3つのカテゴリーに分類し、それぞれの具体例と発見方法について解説します。

【未充足ニーズ①】実現を望むが、まだ叶っていないニーズ

――真の未充足ニーズ

これは、消費者が強く望んでいるにもかかわらず、現時点では実現できていないニーズです。例えば、「これはこういうものだ」とあきらめてしまい、言葉にすることすらない願望が該当します。

この未充足ニーズを発見することは難しいですが、さらに以下の2つに分類できます。

◎本当はやりたくないがやっていること

面倒だと感じつつも、やらざるを得ない行動がここに含まれます。

例えば、掃除は誰もが煩わしいと感じるものですが、やらないと家が汚れてしまう

ため、しぶしぶやっている人が多いでしょう。こうした「やりたくないけどやっている」行動は、イノベーションのヒントとなるかもしれません。

◎したいと思っているのにできていないこと、実現手段がないこと

これは、「●●したい、でもできない」と感じるニーズです。

例えば、「運動して痩《や》せたいが、忙しくてできない」「シワやたるみが気になるが、効果的な方法が見つからない」など、理想と現実のギャップにフラストレーションを感じている状況です。

これらのニーズは、日常生活で不満を感じている瞬間を探ることで見つけ出すことができます。どのプロセスでどのような不満を感じているのか、具体的に聞いていくことが重要です。

これらの未充足ニーズは、現実に実現手段がないか、値段が高すぎるなどの導入のハードルが高くて達成できていないことがほとんどです。こうした未充足ニーズに応

える革新的な技術やサービスが登場することで、ニーズが満たされるようになります。

例えば、「家にいながら、おいしいご飯が食べたい」というニーズに対してウーバーイーツが普及し、「どこにいてもタクシーがつかまったらいいな」というニーズに対してGOが普及したように。

「自社の研究結果により、新技術ができたけれど、どの未充足ニーズにあてはまるだろう？」というシーズ起点でニーズを調べる調査を行なうことも有効な手法となります。

【未充足ニーズ②】満たされているが、さらなる向上を求めるニーズ

現状にある程度満足しているものの、「もっと良くなれば」と感じるニーズです。満足度が7割程度で、まだ改善の余地があるカテゴリーが該当します。

例えば、「もっと美白効果のある化粧水が欲しい」「もっと潤いを感じられるトリートメントがあればいいのに」「コンビニのスイーツはおいしいけど、もっと本格的な

味を楽しみたい」など。

これは、比較的スタンダードな聴取方法で発見することが可能です。もしかしたら、「もうこの未充足ニーズは見つけているよ」と言う人も多いのではないかと思います。

現在の製品使用に関する満足度とその理由、改善要望、競合製品と比較しての評価をヒアリングすることで発見することができます。

【未充足ニーズ③】新規性を求めるニーズ

これは、人間の「飽きっぽさ」から生まれるニーズです。特に、毎日繰り返し行なう行動や、頻繁に発生する欲求に関して顕著に現れます。

例えば、「いつもの味に飽きたので、違うものが食べたい」「毎日同じ服装に飽きたので、気分を変えたい」「また見たことのないコンテンツが見たい」など。

普段、どのような選択基準で商品を選んでいるかを聞くことで、このニーズを発見することが可能です。

未充足ニーズの発見は、イノベーションの源泉です。これらのニーズを的確に捉え、

3つの未充足ニーズ

種類	実現難易度	実現方向性
実現を望むが、まだ叶っていないニーズ	高い	新技術・技術革新
満たされているが、さらなる向上を求めるニーズ	やや高い	既存製品の改良
新規性を求めるニーズ	低い	ラインナップの拡大

解決策を提供できれば、市場で大きな成功を収めることができるでしょう。

重要なのは、**表面的なニーズだけでなく、消費者の深層心理や潜在的な欲求にまで踏み込んで理解する**ことです。

隠れたニーズ発見の3つの視点

アイデアが思い浮かばない、次の一手が見つからない――。そんなとき、誰しも煮詰まってしまうことがありますよね。

ブランドを成功に導くためには、顧客のニーズを的確に把握し、それに応じた商品やサービスを提供することが重要です。しかし、それが思うようにいかないことも多いのが現実です。ニーズを理解したつもりでも、それだけでは十分でないこともあります。

表面的に見えるニーズの背後には、潜在的で隠れたニーズが存在します。

これらを見つけるためには、新しい視点やアプローチが必要です。

ここでは、**「常識打破」「環境変化」「対象を変える」**という3つの視点を用いて、隠れたニーズを発見する方法を紹介します。

①常識打破――「当たり前」を疑うことで隠れたニーズを捉える

多くの人が「当たり前」と思い込んでいることの中に、新たなニーズを発見するヒントが隠されています。現在の常識に疑問を持ち、改善の余地があるかどうかを考えることが、革新的なアイデアにつながります。

例えば、「ホテルは部屋を借りる場所」という常識を覆し、コワーキングスペースとして活用するビジネスホテルが登場しました。また、「ペンは消えないもの」という常識を打ち破り、消せるペン「フリクション」が生まれました。

常識を打破するための具体的な方法は以下のとおりです。

1. 商品やサービスの特徴・仕様をすべて書き出す。
2. なぜその特徴があるのかを考える。
3. その特徴を変えたり取り除いたらどうなるかを想像する。

ミネラルウォーターの常識打破

①商品やサービスの特徴・仕様をすべて書き出す		②なぜその特徴があるのかを考える		③その特徴を変えたり取り除いたらどうなるかを想像する
透明のペットボトルに入っている	→	中身が見えて安心	→	カラフルなペットボトルに入った「ファッションウォーター」
無味無臭	→	シーンを選ばず水分補給に最適	→	ふんわり香りがついた「アロマウォーター」
透明の水	→	安心して飲める	→	薄く色がついた「フレーバーウォーター」
少しだけ栄養成分が入っている（カルシウム・マグネシウム等）	→	特に意識されていない	→	栄養成分がしっかり入った「サプリメントウォーター」
ペットボトルに入っている	→	持ち運びしやすい	→	「紙パック」「パウチ」の容器に詰める
丸いボトルに入っている	→	特に意識されていない	→	「四角いボトル」「平べったいボトル」に詰める

これをミネラルウォーターで考えてみましょう。次ページの図をご覧ください。

私は、新たに相談された調査案件に取り組む際、まずこの「常識打破」を行なってから設計に入るようにしています。これによって、今まで見えなかった新しいニーズやイノベーションの種を捉えることができます。

②環境変化──変化が生む新たなニーズを見逃さない

環境が変化したときこそ、新たなニーズが生まれる絶好のチャンスです。近年では、働き方改革、新型コロナウイルスの影響、リモートワークの普及など、さまざまな環境変化が起こりました。

環境が変わると、それまで最適化されていた生活にひずみが生じ、新しいニーズが発生します。

例えば、リモートワークが普及したことで、自宅で快適に仕事をするためのニーズが急増しました。ずっと座っていても疲れない椅子、効率的な働き方を支えるスペース、家で手軽に食べられる昼食の調達方法、うまく息抜きするための方法など、新たなニーズが次々と生まれました。

こうした環境変化によって新しく生まれるニーズを見逃さないことが重要です。

まずは、ニュースで報じられる社会変化を敏感にキャッチしましょう。技術革新のトレンドをウォッチし、それが生活に与える影響を想像しましょう。異なる世代や文化圏の人々と交流し、多様な視点を得ることも必要です。社会・環境の変化＝新ニーズの発生というサイクルをいつも頭の片隅に置いてみてください。

③対象を変える――新しい視点からニーズを捉える

アイデアが浮かばないとき、異なる対象に目を向けることで新しい視点が得られることがあります。ユーザーをしっかり分析したあとは、通常のターゲットとは異なるグループ、例えば、離反者、認知非購入者、インフルエンサー、エクストリーマーに注目してみましょう。

◎離反者は、既存の製品やサービスに満足していない顧客です。彼らの不満や要望を聞くことで、改善点や新たなニーズを発見できます。

◎認知非購入者は、商品を知っているにもかかわらず購入していない人たちです。

買わない理由を探ることで、攻略の糸口が見つかるかもしれません。

◎インフルエンサーは、情報感度が高く、特定カテゴリー内の製品を知り尽くしている人々です。大勢のフォロワーに影響を与える言葉のセンスも持ち合わせています。彼らの意見から、新たなニーズやコミュニケーションのヒントを得ることができます。

◎エクストリーマーは、通常の利用者とは異なる極端な使い方をする人々であり、彼らの行動からも新たな視点を得ることができます。例えば、家に何も置かないミニマリストや完全栄養食で生活する人、毎日10キロ必ず走る人など、特定カテゴリーのエクストリーマーから得られるヒントはさまざまなアイデアをもたらすと言えます。

隠れたニーズの発見は、ビジネスにおける「宝探し」のようなものです。これらの視点を活用し、常に好奇心を持って周囲を観察することで、誰も気づいていない「宝」を見つけ出すことができるでしょう。そして、そのニーズに応える製品やサービスを提供することで、顧客に新たな価値をもたらすことができます。

第2章

「深層消費者ニーズ」を丸裸にする

——「ニーズ・ファインディング・メソッド」の全体像

「ニーズ・ファインディング・メソッド」の5原則

本書で説明する「ニーズ・ファインディング・メソッド」とは、顧客の未充足ニーズを深掘りし、それを視覚的にわかりやすく分析して、売れるコンセプトに落とし込むための方法論です。

これまでのリサーチで「もう新しい発見はない」と感じている方、あるいは「リサーチのやり方がわからない」と思っている方も、このメソッドを使えば、新たな発見が得られるようになります。

このメソッドは、デプスインタビューを基盤としたN1分析を中心に設計されており、5つのステップで構成されています。

【原則1】デプスインサイトクエスチョン

最初の原則は「デプスインサイトクエスチョン」です。これは、消費者の無意識領域を探り、質の高いニーズを引き出すための質問設計になります。

一般的なアンケートやインタビューでは表面的な情報しか得られませんが、本書で紹介する4つのデプスインサイトクエスチョンを使えば、消費者の潜在的なニーズを掘り起こすことができます。**「生活文脈で聞く」「プロセス感情を言語化する」「上位概念を問う」「メタファーを聞く」**の4つの設計を導入することで、競合他社が見逃している重要なインサイトを発見し、差別化された商品やサービスを提供することが可能になります。

【原則2】4セグメント・ブラッシュアップ

2番目の原則は、ニーズを4つに分類する「4セグメント・ブラッシュアップ」です。これにより、消費者ニーズの解像度がさらに上がります。

消費者の根源ニーズを**「変化・刺激ニーズ」「安定・調和ニーズ」「自己実現ニーズ」「つながりニーズ」**に分類することで、それぞれのニーズを持つ人がどのような商品・サービスを求めるのかを明確に理解することができます。

また、出てきたニーズを4分類理論で整理することで、どのような商品を開発するべきかの指針とすることも可能です。この分類を行なうことで、ターゲット顧客のニーズに対してより具体的かつ効果的なアプローチが可能になります。

【原則3】ニーズ・ヴィジュアライズ

3番目の原則は「ニーズ・ヴィジュアライズ」です。**自社の商品のベネフィットを視覚化し、商品価値構造マップを作成する**ことで、USP（顧客から見た自社商品独自の強み）を明確にする手法です。

ベネフィットを視覚化することで、競合他社と差別化された独自のUSPを見つけられます。このマップを活用することで、顧客視点から見た商品の価値を改めて理解することができ、新たな商品開発やマーケティング対策の立案に役立てることができます。

【原則4】ニーズ・フォーカス・コンセプトメイク

4番目の原則は「ニーズ・フォーカス・コンセプトメイク」です。ここでは、特定のニーズに焦点を当て、それを売れるコンセプトに翻訳する手法をご説明します。

消費者の未充足ニーズを具体的な商品やサービスのコンセプトに落とし込むことで、

顧客にとって魅力的で売れる商品を生み出すことができます。このプロセスでは、見つけたニーズを商品コンセプトに落とし込むプロセスおよびフォーマットと、どのように顧客に伝えるかをご紹介します。

【原則5】販売期待値シミュレート

最後に、「販売期待値シミュレート」についてです。これは商品コンセプトのスクリーニング・テストであり、「売れるか？　売れないか？」を「商品購買確度」で調査するステップです。

商品コンセプトのブラッシュアップをしたあとに、**市場での受け入れ可能性をシミュレーションすることで、リスクを最小限に抑え、成功の確率を高める**ことができます。市場ボリュームを推計した後は、必要に応じて商品やマーケティング戦略を調整します。

ニーズ・ファインディング・メソッドは、以上の5つの原則から構成されており、これらを順に実践することで、顧客の未充足ニーズを的確に捉え、視覚的にわかりやすく分析し、売れるコンセプトに落とし込むことが可能です。これにより、顧客の期待を超える商品やサービスを提供し、市場での競争力を高めることができます。

真のニーズを捉えたいなら、定性調査一択

調査には、**定性調査**と**定量調査**の2つがありますが、皆さんは、2つの手法を適切に使い分けることができていますか？　どんなときにどちらを使えばいいか明確に理解できていないかも……と思うことはありませんか。

どちらも重要な手法ですが、それぞれ得られる結果が異なりますので、顧客をどの程度理解しているか、どのような課題を抱えているかによって使い分ける必要があります。

もう十分顧客のニーズを理解できていて、打ち手も見えている、つまり、**検証したいニーズと打ち手が明確に言語化されている場合は、「定量調査」**を行ないます。

そのニーズがターゲットの中でどの程度の割合で出現するのか、打ち手はどの程度

受容性があるのかを定量調査で把握し、本当に実行するべきかの意思決定に使うことができます。

まだ顧客のニーズを捉えきれていない、どのようなコンセプト・コミュニケーションで展開するべきか仮説が立てられていない場合は、「定性調査」を行ないます。

定性調査の中にも数名に話を聞くグループインタビューと1人に話を聞くデプスインタビュー（N1調査）がありますが、**お勧めはデプスインタビュー**です。

複数人に一度に話を聞くと、どうしても他者の発言に引っ張られてしまって、その人本来の生活をありのまま把握するのが難しくなります。1人ずつ話を聞くことで、その人がどのような生活をしていて、どのような価値観を持っていて、どういうふうに商品を選び、その商品を使ってどう感じているか、ありのままを捉えることができます。そして、**生活文脈の中で真のニーズ**を理解することができます。目の前にいるその人との対話を通して、売れる商品コンセプトとは何か？　そのヒントを見つけていくことができます。

調査の種類

	定量調査	定性調査
目的	✔使用実態、ユーザーの出現率、ニーズのボリュームを知りたいとき ✔コンセプト・コミュニケーション施策の受容性を検証したいとき	✔新たな発見・ヒントを得たいとき ✔仮説を立てる材料が欲しいとき ✔とにかくリアルな顧客像を見たい・知りたいとき
使い方	✔「数値」で結果を表す ✔適切なサンプル数で実施した定量調査は、経営的な判断・意思決定の材料・人を説得するための根拠となる	✔「テキスト」や「ビジュアル」で結果を表す ✔顧客像の具体化、価値の構造化、発見やアイディアの生成 ✔n数が少ないため、数値は参考程度に用いて結論・根拠にはしない

消費者のニーズを、3段階で構造的に理解する

皆さんに質問です。よく「顧客の消費者ニーズを理解しよう」と言いますが、そもそもニーズの正体とはいったい何だと思いますか？

ちょっと想像してみてください。

本書では、消費者ニーズのことを、**「まだ満たされていない欲求」**と定義します。人の心の中では、こうありたいと思う理想の状態と今の自分を比較したときに、現状に対して不満・ストレス・物足りなさ・憤りが必ず存在しています。いろんな商品が世に生まれ、選択肢が増えた現在でも、そのギャップが埋まることはありません。

「やりたい、でもできない」。理想と現実のギャップを解消したいと思う強い感情・欲求・気持ちが、ニーズの正体だと考えています。

しかし、消費者に対して、やみくもに不満やストレス、充足されていないニーズを聞いたとしても、すぐに出てくるのは表層的なニーズばかりで、どこか聞いたことの

ある言葉ばかり。新商品や改良のコンセプトに直結するヒントを得ることはできません。

そこで、**ニーズには3つの階層がある**ことを理解し、構造的に捉えることが重要になります。

ニーズを構造化した図をご覧ください。上から、**BEニーズ、DOニーズ、HAVEニーズ**という名称で、それぞれ階層が異なっています。まずは顧客のニーズについて、この3つを解き明かすところから始めてみると、今後のビジネスアクションにつながるアウトプットを出すことができます。

BEニーズ、DOニーズ、HAVEニーズは、図のような階層構造になっています。

3つのニーズの詳細

◎DOニーズ

DOニーズは、**生活の中で起きる、理想とのギャップによって生まれる欲求・悩み・ストレスが起点**となって発生します。環境による外部要因、広告や口コミなどの

ニーズの階層構造

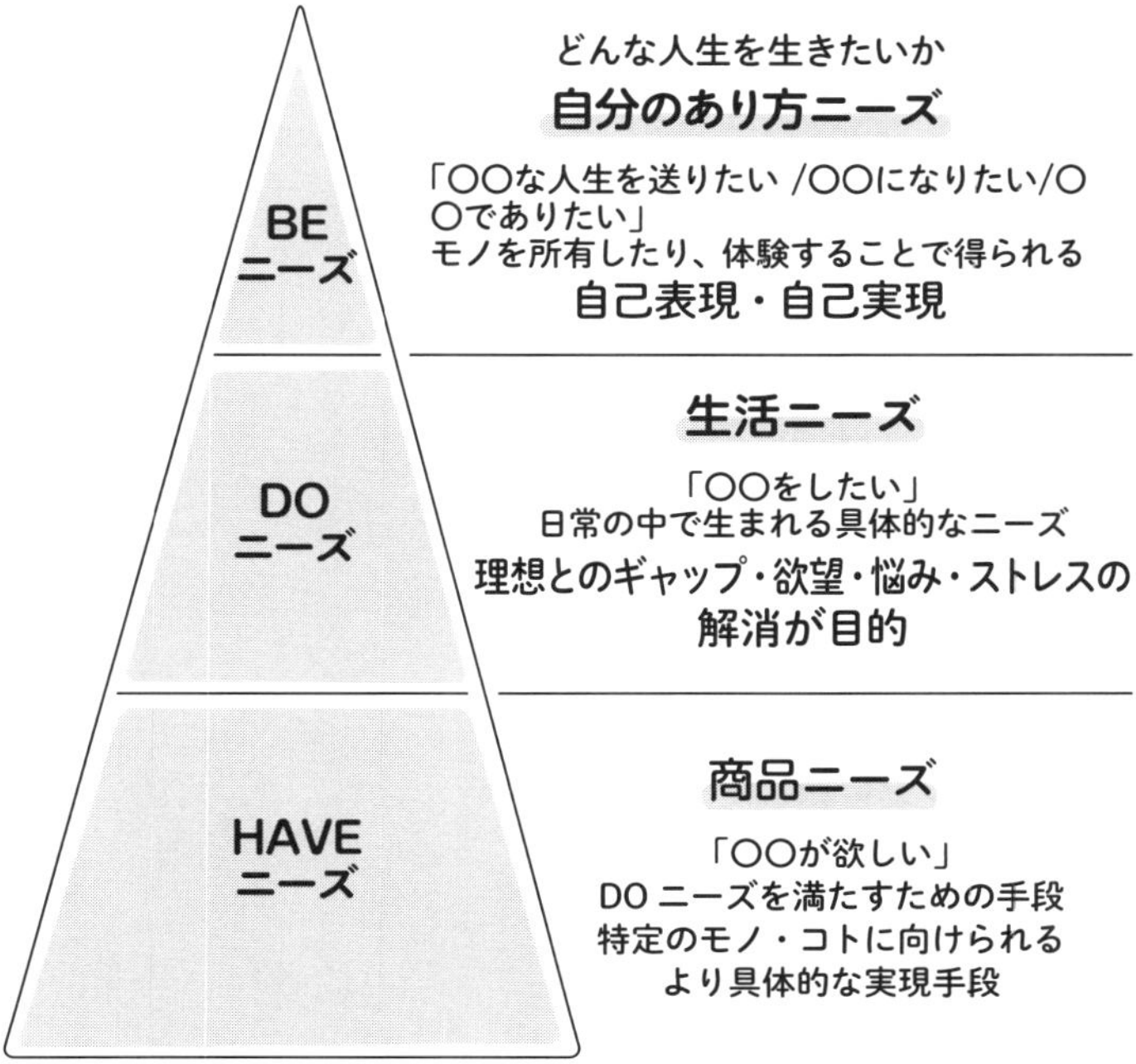

BE
ニーズ
どんな人生を生きたいか
自分のあり方ニーズ
「○○な人生を送りたい /○○になりたい/○○でありたい」
モノを所有したり、体験することで得られる
自己表現・自己実現
DO
ニーズ
生活ニーズ
「○○をしたい」
日常の中で生まれる具体的なニーズ
理想とのギャップ・欲望・悩み・ストレスの解消が目的
HAVE
ニーズ
商品ニーズ
「○○が欲しい」
DO ニーズを満たすための手段
特定のモノ・コトに向けられる
より具体的な実現手段

刺激、自分の内側から生まれる気持ち、いろいろな要因が考えられますが、生活する中でまだ満たされない欲求を解消したいと思う、「今、手に入れたい感情・欲求」がその正体です。

例えば、「あまり眠れないから、もっとよく眠りたい」「今までに食べたことのないものを食べたい」「休みがないから、ゆっくりしたい」「時間がないから、もっと手間を省いて簡単に済ませたい」「みんなで何か楽しいことをしてワイワイと盛り上がりたい」……等があります。

短期間で達成されやすく、持続的ではなく瞬間的であることが特徴です。

◎HAVEニーズ

HAVEニーズとは、**DOニーズを達成する具体的な手段**を指しています。「あまり眠れないから、もっとよく眠りたい」というDOニーズに対して、「乳酸菌飲料を飲んで睡眠の質の改善をしたい」といったように、**具体的にどう実現したいか、手段が明確になっているニーズ**をHAVEニーズと言います。

世の中にない商品については、消費者は言語化することはできません。強いDOニーズはあるものの、実現する手段がまだ見つかってないというHAVEニーズは、今の世の中にも多く存在しています。

また、何かの手段でHAVEニーズを満たせたとしても、それに飽きてしまったり、もっと新しいことをしたいから別の手段を求めることも多々あります。**DO・HAVEニーズをどう満たしていくか？**　これが商品コンセプトに求められる最大の役割となります。

◎BEニーズ

BEニーズとは、DOニーズよりさらに上位概念のニーズです。**人生の目標**と言っても過言ではありません。**どのような人生を生きていきたいか、一人の人間として自分がどうありたいか**を表しているのがBEニーズになります。

「自分を常に成長させて高みを目指したい」「平穏で調和のとれた快適な人生を送りたい」「知的好奇心を満たしたい」「感動・ワクワクする刺激を得たい」「人とつながって所属する喜びを得たい」……等がこれにあたります。

究極、**「もっと幸せになりたい」と願う、**ただそれだけを追求する本質的なニーズがＢＥニーズと言えるでしょう。ＢＥニーズには終わりがなく、決してなくならない、**常に追い求め続ける根源的かつ持続的なニーズ**となります。

これらの３つのニーズはすべてつながっています。

睡眠の質の例で言うと、

乳酸菌飲料を飲んで睡眠の質を向上させたい（ＨＡＶＥニーズ）

←

仕事のパフォーマンスを上げたい（ＤＯニーズ）

←

自分を成長させて高みを目指したい（ＢＥニーズ）

とつながっていきます。

一人ひとり目指す幸せの方向性が異なりますので、一見同じようなニーズに見えて、全く異なっているのがＢＥニーズです。自社の商品が、誰のどのようなニーズを充足しているかを分析していく**必要**があります。

ある**寝具**メーカーで、「睡眠時の悩み」を調べて自社の商品開発に活かすべく消費者インタビューを行ないました。インタビューでは、「腰が痛い・体が痛い」等の不調のニーズが中心に挙がり、新商品アイデアの芽が見つかりにくい状況だったそうです。

そこで、「DOニーズ、HAVEニーズ、BEニーズ」を意識して調査を行なったところ、新たな発見が多くありました。

当然、腰の痛みを改善しQOLを向上したい人もいましたが、それだけではなく、寝具の気持ち良さ・快適性を求めて睡眠時の幸福度を追求したい人、仕事のパフォーマンスを最大限に引き上げる質の高い睡眠を求めている人など、睡眠時のニーズも多用であると気づきました。

それ以降、お客様のニーズごとに異なる商品ラインナップを開発し、売上の拡大につながったとのことです。

このように、**消費者ニーズを調べるときは、階層構造を意識して分析する**ようにすることが重要です。

消費者ニーズに応える ベネフィット表現の重要性

消費者ニーズの次は、ベネフィットについても考えていきたいと思います。よく聞く言葉だと思いますが、皆さんはベネフィットという言葉の意味を端的に説明することはできますか？

私はこの仕事を始めた頃、ベネフィットの本質をいまいち理解することができず、何年か経ってから腹落ちした経験があります。ニーズと同様に、非常に重要な言葉になりますので、しっかり理解しておきたいところです。

本書では、ベネフィットを**「商品やサービスが提供する価値」**と定義します。**「便益」**という言葉を使われるマーケターも多くいます。

私は、よく「エンドベネフィット」という言葉を使いますが、それは、**「消費者が商品やサービスを利用することで得られるメリット・価値・感情」**を指しています。

ニーズとエンドベネフィットの関係性

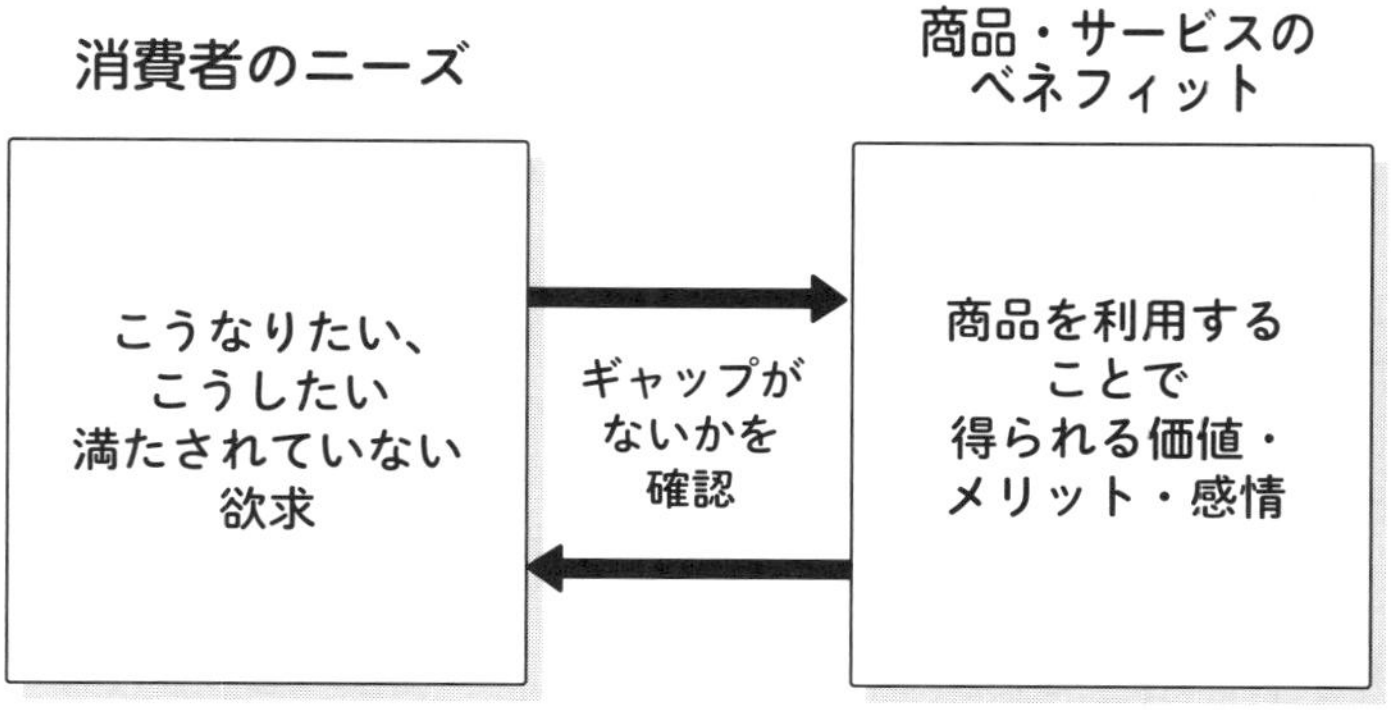

「機能の説明」は「ベネフィット」ではあらず

よく誤解されるポイントとして、商品スペック（機能の説明）とベネフィットを混同して考える人がいらっしゃいます。

具体的な例でお伝えすると、メイクアップ製品であるアイライナーペンシルの調査を請け負ったときのことです。

クライアントに「この商品で訴求したいベネフィットはどんなことですか？」と質問したところ、「オイルが含まれたペンシルです」とおっしゃいました。これは商品スペック（機能の説明）であり、ベネフィットではありません。「オイルが含まれたペンシル」という言葉だけで魅力に感じる人と、どんな良さがあるかわからない人と、理解度に差が出てしまうため、ベネフィットには至っていない表現と言えます。

「オイルが含まれているペンシルだから、どのような良いこと・メリットがあるのか？」までを伝える必要があります。

例えば、「くっきり発色・なのに滑らか・ストレスフリー」等、その言葉を聞いた瞬間に、利用することで得られるメリット・価値・感情が瞬時にわかり、買うかどうかを判断できる情報がベネフィットになります。

消費者のニーズに対して、ベネフィットが伝わっていない、機能の説明にとどまってしまっているため、商品の満足度が低いということも往々にして発生しますので、ミスマッチが起きていないかよくチェックしましょう。

インタビューでは、メイクに対して「そもそもどのようなニーズを持っているのか」をまず把握し、そのニーズに対して自社の商品はどのようなベネフィットを感じてもらえているのか、**ニーズとベネフィットを両輪で理解する**ことが非常に重要だと考えています。

ニーズを把握するときは、まずは顧客のセグメントから

顧客のニーズを把握する際、「まず初めに誰に話を聞くか?」について考えていく必要があります。その際の指針となるのが、**ターゲット分析**です。

ターゲット分析とは、顧客をセグメントしてそれぞれのボリュームを把握し、現在の自社の商品・サービスにおける課題を整理していく作業になります。

皆さんは、**「顧客のセグメント」「セグメントごとのボリューム」の把握**はできていますか？　もしまだできていないということでしたら、こちらから初めていきましょう。

セグメント軸としては、どのようなフレームワークを使ってもいいと思いますが、一番シンプルかつスタンダードな分類軸として世の中に普及しているものは、認知と購買経験で分類するフレームでしょう。

例えば、ウイスキーボトルのブランドを例に挙げて、「顧客のセグメント」「セグメントごとのボリュームの把握」を行なっていきたいと思います。

◎カテゴリー利用状況

まずは該当カテゴリーを利用している人がどの程度いるかを把握します。ウイスキーボトルを普段自宅で飲んでいる人がカテゴリーユーザーになります。お店だけでウイスキーを飲んでいる人、缶のハイボールは飲むけれど、ウイスキーのボトルは買わ

顧客セグメント

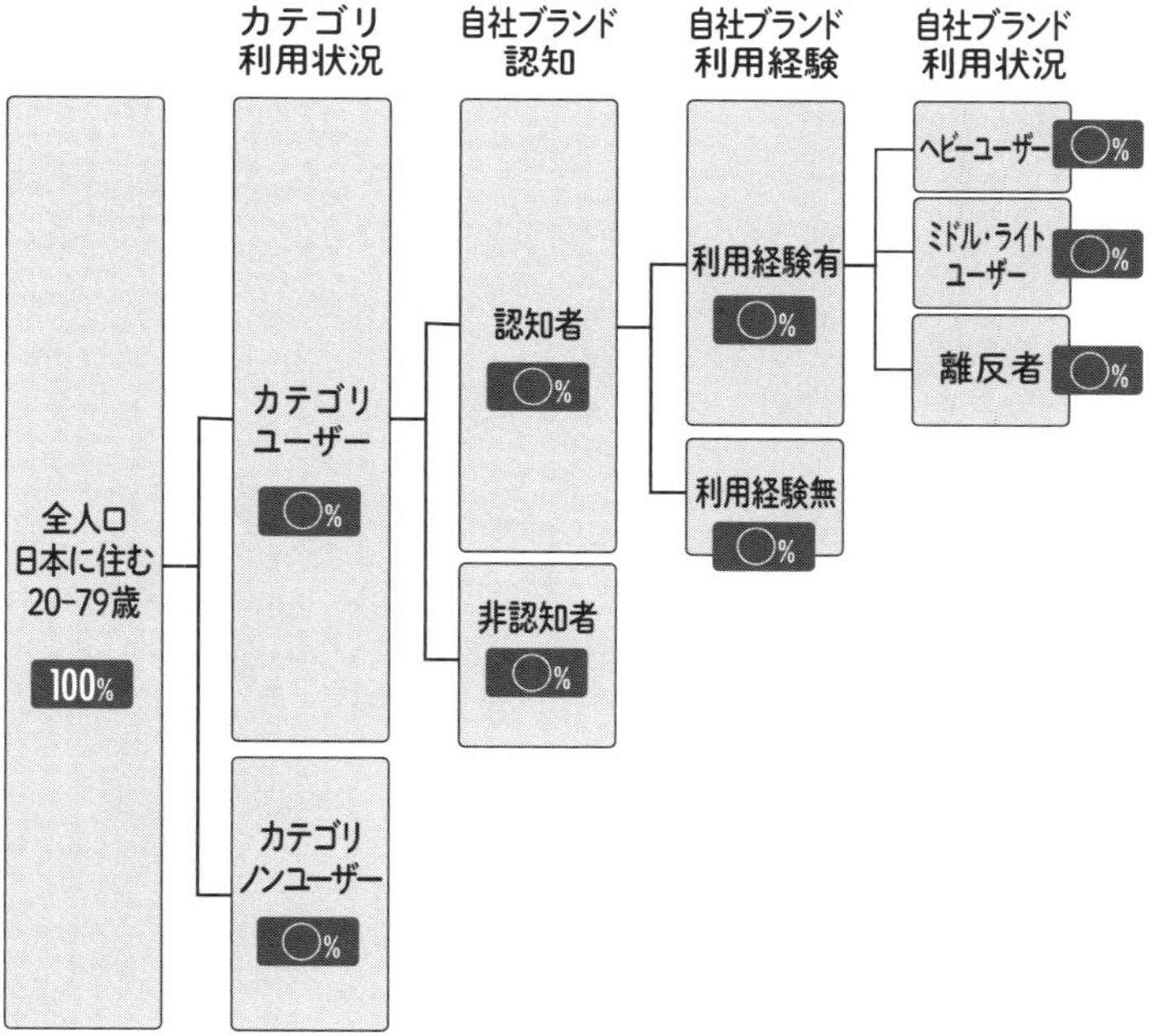

カテゴリ利用状況
自社ブランド認知
自社ブランド利用経験
自社ブランド利用状況
全人口
日本に住む
20-79歳
100%
カテゴリユーザー
○%
カテゴリノンユーザー
○%
認知者
○%
非認知者
○%
利用経験有
○%
利用経験無
○%
ヘビーユーザー
○%
ミドル・ライトユーザー
○%
離反者
○%

ない人は、カテゴリーノンユーザーとなります。

◎自社ブランド認知

カテゴリーユーザーの中で、自社ブランドがどの程度認知されているかを把握します。

◎自社ブランド利用経験

自社ブランドの認知者の中で、利用経験者がどの程度いるかを把握します。

◎自社ブランド利用状況

自社ブランドの利用経験者の中で、1年間の購入頻度によって顧客を4つに分類します。

顧客定義は各社によって分かれるところですが、仮にウイスキーボトルの場合は、次のようになります。

月に1本以上買う人はヘビーユーザー、2〜3カ月に1本買う人はミドルユーザー、半年〜1年に1本買う人をライトユーザー、1年間買っていない人を離反者と定義します。

この顧客分類に基づいて、どのユーザーが、どのくらいの割合で出現するかを割り出します。出現率がわかれば、ターゲットの総数を推定することができます。ウイスキーであれば、ターゲットは20歳以上になります。「総務省住民基本台帳に基づく人口動態」を見ると、日本全国の20〜79歳の人口は約9300万人となります。ここから具体的なターゲットの母数を推計することができます。

顧客セグメントごとに、調査課題を設定する

「顧客のセグメント」「セグメントごとのボリューム」の把握ができたら、次は**「セグメントごとの課題の整理」**を行なっていきます。

ボリュームの把握を行なうと、ブランドの課題が可視化され、**どのターゲットに何を聞くべきか**が見えてきます。

優先順位で言うと、以下の順になります。

①ヘビーユーザー
②ミドル・ライトユーザー
③離反者
④認知・非利用者
⑤非認知者
⑥カテゴリーノンユーザー

まずは、自社顧客のニーズから把握していきたいところです。ヘビーユーザーが感じているニーズおよびベネフィットを理解することで、他のセグメントに自社商品を買っていただくための**動機付けアイデア**を見つけることができます。

ミドル・ライトユーザーは、ヘビーユーザーと比較して、何が違うのかを分析していきます。**商品に対するニーズが違うのか、感じているベネフィットが違うのか、そ**

顧客セグメント

<table>
<tr><th colspan="3">顧客セグメント</th><th>定義</th><th>調査課題</th><th>確認事項</th></tr>
<tr><td rowspan="5">カテゴリーユーザー</td><td rowspan="3">自社顧客</td><td>①ヘビーユーザー</td><td>・自社ブランド購入頻度が月に1回以上</td><td>・ロイヤリティ・購入頻度が高い理由の特定
・さらに購入回数を引き上げるための施策を検討</td><td rowspan="2">・商品に対するニーズ
・自社ブランドの利用のきっかけ
・自社ブランドの継続使用理由・独自価値の把握</td></tr>
<tr><td>②ミドル・ライトユーザー</td><td>・自社ブランド購入頻度が2ヵ月に1回〜年に1回</td><td>・ロイヤリティ・頻度が低い理由の特定
・購入頻度を引き上げ、ヘビーユーザーになってもらうための施策を検討</td></tr>
<tr><td>③離反者</td><td>・自社ブランドを、ここ1年購入していない</td><td>・離反理由の特定
・プロダクト・販売チャネル・コミュニケーション・価格における改善策の検討</td><td>・商品に対するニーズ
・自社ブランドの利用のきっかけ
・自社ブランドの離反の要因
・スイッチしたブランドと理由</td></tr>
<tr><td rowspan="2">見込み顧客</td><td>④認知・非利用者</td><td>・自社ブランドを知っているが、買ったことはない</td><td>・自社ブランドに対する認識の把握
・知っているのに買う動機がない人に対して、利用してもらうための強い訴求内容を検討</td><td rowspan="3">・商品に対するニーズ
・競合ブランドの利用きっかけや継続使用理由
・自社のブランドを説明し、評価を把握する
・態度変容を促すアイディア仮説を当てて反応を確認する
→アイディア仮説がなければ調査をする意味がない</td></tr>
<tr><td>⑤非認知者</td><td>・カテゴリーを利用しているが、自社ブランドを知らない</td><td>・未認知者にブランドを知ってもらうための強い訴求内容・有効なタッチ・ポイントを検討する</td></tr>
<tr><td colspan="3">⑥カテゴリーノンユーザー</td><td>・カテゴリーを利用していない</td><td>・カテゴリーを利用してもらうための強い訴求内容・有効なタッチポイントを検討する</td></tr>
</table>

の差分を見つけていきます。ヘビーユーザーが感じているベネフィットを訴求することで、購入頻度を引き上げることができないかを調べていきます。

離反者については、ニーズの把握に加えて、**使用をやめたきっかけや要因を特定**していきます。プロダクト自体に問題があるのか、それともなんとなくやめてしまったのか。後者の場合は、ベネフィットや使用シーンを訴求すれば戻ってきてくれるのかを検証する必要があります。

過去の経験上非常に難しいのが、認知非利用者、非認知者をひっくるめた未顧客のインタビューです。この属性の人には、**競合を利用したきっかけや、継続使用理由・利用状況**を確認していきます。さらに自社のブランドを説明し、魅力を感じてもらえるかどうか評価を取得するのがスタンダードな流れですが、ここで重要なことは、**知っているのにまだ買っていないということは、現段階の訴求では弱い**ということです。

現状の評価を聞くだけにとどめてしまうと、今まで何度も何度も調査をしてきた私の過去の経験から、戦略につながるアウトプットを出すことは難しいというのが結論です。

対策につながるアウトプットを出すためには、ヘビーユーザーからもらったヒントをベースに、**アイデア仮説をたくさん積み上げて**、どの訴求が響くのか、仮説を検証するためのインタビューにしなくてはなりません。未顧客へのインタビューをするときは、アイデア仮説がなければ調査をする意味は半減するでしょう。

最後に、カテゴリーノンユーザーへの調査です。聴取する内容は、認知非購入者と変わりません。カテゴリーを使ったことがない人たちになりますので、このセグメントの攻略は、最難関と言えるでしょう。

ただここのパイが非常に大きい商材の場合は、向き合うしかありません。カテゴリーヘビーユーザーが、その**カテゴリーを利用するようになったそもそものきっかけやタッチポイント**をひらすら収集し、使えそうなアイデアをストックしていきます。そして、カテゴリーノンユーザーに対してアイデアの受容性を検証し、態度変容が起きる動機付けとなるアイデアを特定していきます。

第3章

「ニーズ・ファインディング・メソッド」を実践する

原則1 デプスインサイトクエスチョン

本当のニーズを調べるための「無意識領域調査」の実践法

ニーズを把握するためのスタンダードな聞き方

皆さんは、普段インタビューを行なう際に、どのように設問を設計していますか？

ニーズを調べるインタビューは、大枠の型が決まっています。第2章でお伝えしたとおり、「顧客セグメントの誰に聞くか、調査の課題は何か」という調査目的によって聴取内容をアレンジする必要がありますが、基本は同じ考え方になります。

まずは初回のインタビューで行なうべきスタンダードな聞き方についてお伝えしま

す。さらにニーズを深掘りしたい方、真のニーズにせまりたい方向けの応用編についても解説していきます。

自社のヘビーユーザーへの聞き方

では、最も行なう頻度の高い、自社のヘビーユーザーに対する聞き方について見ていきましょう。

ヘビーユーザーに調査を行なう目的は、次のようになります。

《調査目的》

自社の商品を買ってくださるヘビーユーザーの「ニーズ」「トライアル理由」「商品に感じるベネフィット」を把握し、ミドル以下のユーザーをヘビーユーザーに引き上げるため、未顧客に商品を買っていただくための訴求についてアイデアを考える。

《明らかにするべきポイント》

①ヘビーユーザーのお客様はどういう価値観・ニーズを持つ方なのかを把握し、ペルソナに落とし込む。

②初めて購入したときは、どのような動機で、どのようなタッチポイントで、どこに惹《ひ》かれて購入したのか、購入の状況と決定打を明確にジャーニーに落とし込む。

③商品を使ってどのようなベネフィット（メリット・価値）を感じているのか、商品にどのような独自価値を感じているかを明確にする。

《実践例》

今回は、美容液のブランドを例に考えていきます。

まずはお客様の**カテゴリーニーズを捉える質問**から始めていきます。

美容液であれば、

「肌悩み・どうなりたいと思っているか？」

「その悩みに対して現状はどのようなアイテムを使って対処しているのか？」

「昼や夜などのオケージョンによって意識していることや目的が異なるのか？」

「現状で満足できているのか、まだ満足できていないことはどんなことか？」


といった未充足ニーズを聞いていき、カテゴリーニーズを明確にします。

次に**自社商品のトライアルジャーニー・エンドベネフィット**について確認します。

「どこで知ってどのような印象を持ったのか？」

「買ったきっかけはどんなことか？」

「使ってみたときに期待を超えたポイント、感情が動いたポイントは何だったか？」

「いつ・どんなときに使って、どんな良さを感じるか？」

「なぜ継続して使っているのか？」

「競合品でお気に入りのブランドはあるか？」

「そのブランドと自社のブランドとの違いはどんなことか？」


自社ブランドのヘビーユーザーについては、10～15人に話を聞いて傾向をまとめて

基本設計

項目		質問内容
1. 自己紹介	価値観	**●お住まい／ご職業／ご家族構成／好きなこと・趣味・関心事、なぜそれらに興味があるのか** **●普段接触する情報源・タッチポイント**
2. カテゴリー使用･購入実態	悩み・困りごと等のニーズ	**●肌についてどんなことで悩んでいるか、困りごとは何か** －特に気になっていること、なぜそれが気になるか、本当はどうなりたいと思っているか
	利用実態・カテゴリーニーズ把握	**● 普段、いつ･どのようなアイテムを使ってスキンケアをしているか** －スキンケアを行なうタイミングや場所 －スキンケアの手順、使用アイテム、アイテムごとの使い分け －スキンケアの際に、どんなことを意識しているか **● 美容液を使用する際に、満足している点･不満に感じる点**
	購買時の重視点・ニーズ把握	**●普段、美容液を売り場で購入する際に、どのような視点で選んでいるか** －特に重視している点はどんなことか －美容液を買う場所はどこか、なぜそこで買っているか
3. 自社商品購入実態	トライアル－理由	**●自社商品を、いつ・どこで知ったのか、きっかけはどんなことだったか** －初めてその商品を見たときの印象、なぜ興味を持ったのか **●自社商品を購入しようと思ったきっかけ、購入の決め手はなんだったか** －他に比較検討した商品はあったか、それを選ばなかったのはなぜか
	初回利用～リピート	**●初回使ったときの感想・気持ち、驚いたことや期待を超えたポイント、感情が動いたエピソード** －なぜまた次もリピートしようと思ったのか
4. 自社商品使用実態･評価	使用実態	**●現在は、自社商品を、どのようなシーンでどのように使用しているか** －どんな目的で使用しているのか、どんな効果を期待して使用しているのか
	エンドベネフィット	**●自社商品を使っている理由、どんなところに満足しているか** －他の商品と比べて、どんなところが良いのか　-他のブランドに対する認識 －自社の商品を使うことでご自身にとってどんな良さがあるか・メリットがあるか
	不満点の抽出	**● 自社商品の不満点はどんなことか、そう思うのはなぜか** －どこがどう改善されると良いと思うか

いきます。自社ブランドの売上を支えるお客様一人ひとりにじっくり向き合うことで、ブランドの良さを実感できるでしょう。

未顧客（認知非購入者、未認知者）への聞き方

次に、自社の商品をまだ購入したことのない未顧客についても見ていきましょう。顧客セグメントでいうところの、認知非購入者、未認知者になりますが、主な目的は次のようになります。

《調査目的》

未顧客（競合ユーザー）はどのような価値観・ニーズを持っている人たちかを把握し、ヘビーユーザーとの違いを理解する。未顧客に対して自社の商品の受容性を把握し、どのような方向性で獲得できそうか今後の打ち手を考える。

《明らかにするべきポイント》

①見込み顧客はどのような価値観・ニーズを持っているかを把握し、ペルソナに落とし込む。
②競合品のトライアル理由・エンドベネフィットを把握し、自社のブランドとどのような違いがあるかを分析する。
③ヘビーユーザーから得られた商品アイデア・コミュニケーションアイデアの受容性を検証する。
④自社の商品を買ってくれるのはどんな人か、買わない人と買いたい人の違いを明確にし、ターゲットを設定する。

聴取する内容について、**前半はヘビーユーザーの場合と変わりません**。カテゴリーニーズを聴取する部分は、ヘビーユーザーよりもさらに時間をかけて丁寧に聞いていくといいでしょう。自社商品購入・使用実態の部分は、競合商品についての話を聞いていきましょう。競合商品について深掘りすることで、自社との差分が明らかになり、攻略の方向性が見えてきます。

後半は、自社ブランドの受容性について検証していきます。

ただ単に商品HPやパンフレットを見せて商品の説明するのではなく、**ヘビーユーザーが魅力に感じているベネフィットを起点に、新たに訴求アイデアを考えて検証**するのがいいでしょう。現状では買ってもらえていない人たちなので、訴求の切り口をアップデートして検証する必要があります。

まずは、スタンダードな聞き方について解説しました。

初めて顧客に話を聞く場合は、このようなスタンダードな聞き方で全体感を網羅するインタビューを実施するところから始めるといいでしょう。

生活文脈の中で商品ニーズを掘り起こす

消費者は、マーケターと違って、いつも商品のことを考えているわけではありません。行動の95%が無意識で行なわれているので、インタビューで突然商品について聞かれても、断片的な一部の発言にとどまってしまい、カテゴリーニーズを網羅するこ

基本設計

項目		質問内容
5. 自社商品評価	認知・イメージ	**●自社商品の認知、どのようなイメージを持っているか** －それはどんなところから、どのような情報からそう感じるか
	純粋想起での評価を取得	**●商品アイディア・コミュニケーションアイディアを提示：第一印象について、自由にお話いただく** －魅力に感じる点とその理由 －目新しさを感じるか －自分向けの商品だと感じるか
	検証ポイントの評価を深掘り	**●「△△△」であることについてどう思うか、魅力に感じるか** －今お使いの商品と比較してどうか －この商品を使うことで、ご自身の生活がどう変わりそうか
	改善点抽出	**●改善するべき点、わかりにくい点** －もっと良い商品にするためには、どこがどう改善されると良いと思うか
6. 自社商品購入意向	購入意向	**●この後、お金を出してこの商品を買いたいと思いますか？そう思う理由** －買いたい気持ちは10点満点で言うと何点？ 10点に満たない理由は？
	セールスポイント	**●この商品の一番の魅力はどんな点だと思うか** －あなたにとってなぜそれが魅力的なのか、あなたにとってどんなメリットがあるか

とはできません。こちらとしては、**生活の中にたくさん埋もれている潜在ニーズ**を知りたくはありませんか？

ここでご紹介するのは、生活文脈の中で商品ニーズを掘り起こす方法です。

消費者は、単に商品を利用するのではなく、自分の生活の中で何かを達成するためにその商品を利用しています。**何を達成しようとしているのか、その際に何の商品を使うのか、**これを生活文脈の中で明らかにします。

生活文脈を起点に話を聞いていくことで、幅広いシーンのニーズを網羅することができます。クリステンセン教授の提唱する**ジョブ理論**の概念が有名ですが、その考え方がベースとなっています。

この手法は、私の過去の経験で言うと、登場シーンが多岐にわたっていて、カテゴリー外の競合が多い食品や飲料などのテーマに適しています。**自社の商品はどのようなニーズ・シチュエーションのときに登場するのか・しないのか、競合と自社の商品との立ち位置を明確にしたい場合に有効な手法**です。

生活文脈の中で商品ニーズを掘り起こすインタビューで押さえるポイントは4点です。

①どのようなシチュエーションが発生しているか？
②そのとき、どのようなニーズが発生しているか（何を達成したいと思っているか）？
③どのような商品をなぜ選択したか、どのように利用したか？
④他に候補に挙がったものは何だったか？

【事例】「パン」の商品ニーズを掘り起こす

パンを食べるときのことについて、私の例を基に考えてみます。

商品を利用する際には、まず特定のシチュエーションが発生し、ほぼ同時にニーズが発生します。

例えば、「朝ご飯」というシチュエーションが発生したとします。その際に私の頭に浮かぶニーズは、平日であれば、「時間がないから、家にあるものですぐにつくりたい」「子どもがちゃんと食べてくれて、栄養が摂れるものを出さないと……」、休日であれば、「せっかくの休日だし、平日は食べない特別感のあるものが食べたいな」

生活文脈の中で商品ニーズを掘り起こす

日付時間	何を食べたか／お店・商品名	①シチュエーション（いつ・誰と・どこで・どんなとき）	②何を食べるか考えているときの気持ち・考えていたこと	③その商品を選んだ理由・どのように食べたか、満足度	④他に挙がった候補／どちらにしようか迷ったもの
7/12（金）朝7時	●スーパーライフで買った食パン ●超熟８枚切り	●朝の忙しい時間帯、家族４人の朝食を10分でつくる。	●朝めちゃくちゃ急いでいるので、とにかく早く！手軽に済ませたい！という気持ち。	●家にいつも買いおいている超熟の８枚切りを選んだ。食パンは一番時間がかからず準備できる。 ●パンにチーズをマヨネーズを乗せて焼いて、スクランブルエッグと一緒に出した。味がしっかりついてないと子どもは食べないがこれはよく食べた。急いでてもタンパク質は大事なので、しっかり食べてくれると安心感がある。	●冷凍の焼きおにぎりと迷ったけど、チンの時間が長いし、家族４人分だとコスパが悪い。 ●卵かけご飯と迷ったけど、味が単一で飽きると文句を言われる。
7/13（土）朝7時	●地元のパン屋さんの焼き立てパン	●ちょっとゆっくりめに起きた土曜の朝ごはん。	●今日は予定もないし１日のんびりモード。家族でゆっくり朝ごはんでも食べようかな。平日は食べないちょっとおいしいものが食べたい。	●天気が良かったので、朝８に開店する地元のパン屋さんに子供と散歩ついでにお買い物。 ●朝焼きあがるパンを目当てに、クロワッサン、クロックムッシュ、ラズベリーパイ、チョコパイを買って帰る。さくさくでバターの香りがする、出来立てパンは本当においしい。家族もニコニコしていて幸せな休日。	●朝からやってるカフェのモーニングと迷ったけど、子どもと行くと騒ぐので家が落ち着く。

「昨日の夜ご飯が少なめで朝からお腹が減っているので、ガッツリ食べたいな」などの複数のニーズの選択肢があります。

1つだけ思い浮かぶ場合もあれば、いくつかのニーズを同時に進行させることもあります。同じ人でも日々の状況によってニーズが変わるため、**1週間や2週間など、なるべく長い期間を設定し毎日調べる**のがポイントです。

そのあとに、商品選択に移ります。

「ガッツリ食べたいニーズ」のときの選択肢としては、「おにぎりをたくさん握って食べる（具はおかか・梅・しゃけ）」「カップ麺の博多とんこつラーメンをささっとつくって食べる」などが挙がります。

「特別感のあるものを食べたいニーズ」のときの選択肢では、「パン屋さんの焼き立てパンを買いに行く」「外食のモーニングを食べに行く」「フルーツサンドをつくって食べる」などが挙がります。

大事なことは、**どのような商品を選択したのか、それはなぜかといった点を具体的に説明してもらうこと、そこから選択基準を導き出すこと**です。

パンという狭いカテゴリー内だけで考えるのではなく、**カテゴリーを超えた競合は**

何か、選ばれた要因とはどんなことかまで調べることで、自社の商品に活かすためのヒントを得られます。

ニーズ収集の仕方としては、インタビューの前に事前作業として、1〜2週間などの一定の期間で食日記をつけてもらう方法があります。

手書きで書いてもらう、Excel や PowerPoint で記録してもらう、オンラインの収集ツールを使うなどの方法があり、可能であれば、その状況の写真や動画データまで収集できると理解が進みます。

それらのデータを基に、自社商品カテゴリーが使用されたシチュエーションを中心にインタビューで深掘りをしていきます。

データが網羅的に収集できたら、**シチュエーションもしくはニーズ別に集約**していきます。

ニーズ別に商品選択基準とは何か、競合とは何かを俯瞰《ふかん》していき、自社の商品がどこに登場するのか、どこに登場しないのかを分析していきます。

パンの商品ニーズを掘り起こす

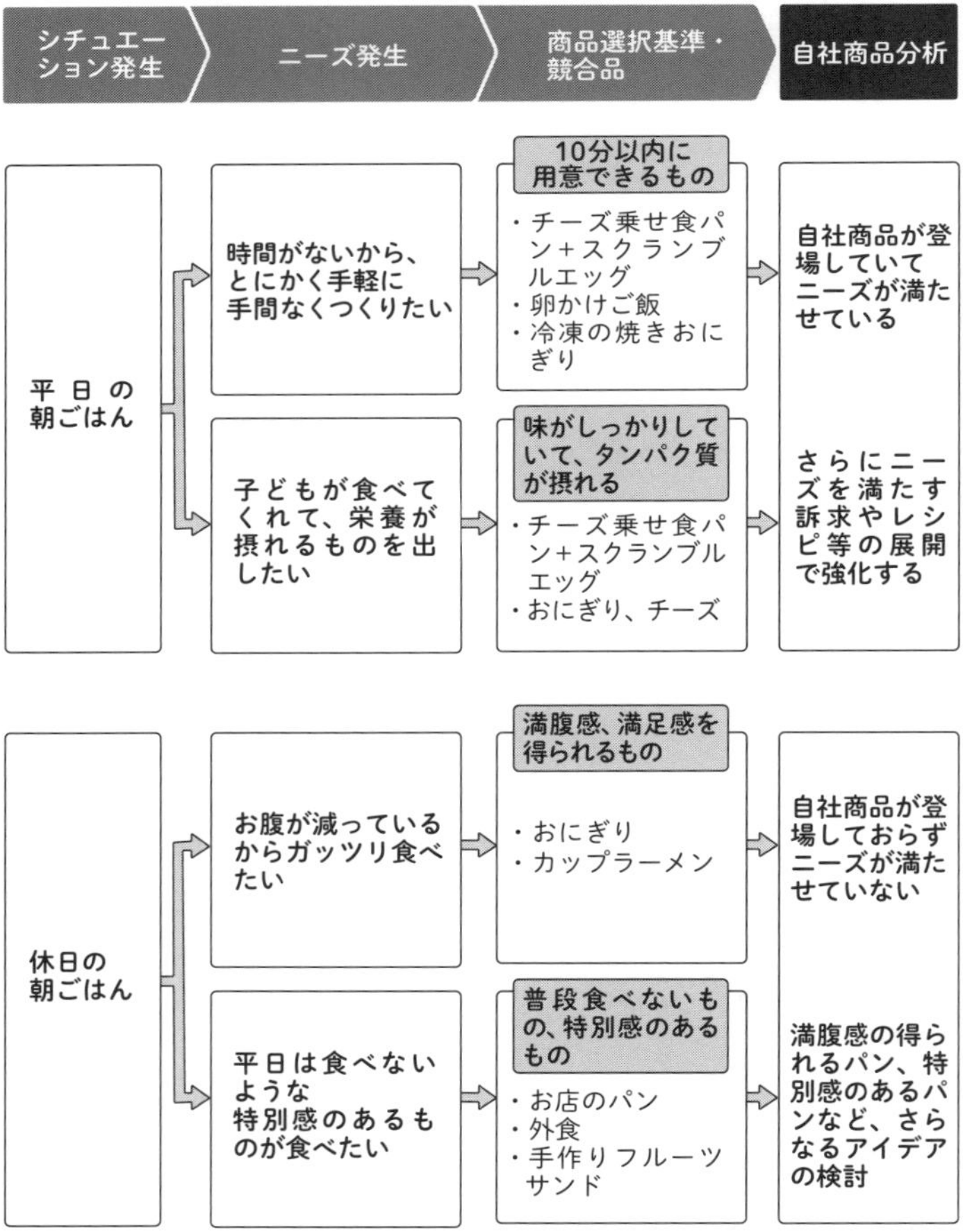
シチュエーション発生
ニーズ発生
商品選択基準・競合品
自社商品分析
平日の朝ごはん
時間がないから、とにかく手軽に手間なくつくりたい
10分以内に用意できるもの
・チーズ乗せ食パン＋スクランブルエッグ
・卵かけご飯
・冷凍の焼きおにぎり
自社商品が登場していてニーズが満たせている
子どもが食べてくれて、栄養が摂れるものを出したい
味がしっかりしていて、タンパク質が摂れる
・チーズ乗せ食パン＋スクランブルエッグ
・おにぎり、チーズ
さらにニーズを満たす訴求やレシピ等の展開で強化する
休日の朝ごはん
お腹が減っているからガッツリ食べたい
満腹感、満足感を得られるもの
・おにぎり
・カップラーメン
自社商品が登場しておらずニーズが満たせていない
平日は食べないような特別感のあるものが食べたい
普段食べないもの、特別感のあるもの
・お店のパン
・外食
・手作りフルーツサンド
満腹感の得られるパン、特別感のあるパンなど、さらなるアイデアの検討

自社商品がどのニーズを満たせていて、どのニーズが満たせていないのかを特定できたら、ニーズを満たす方法を考える際の大きなヒントにつなげることができます。

あるパンメーカーからのご依頼で、「パン喫食時のニーズ」を調べて既存ラインナップにはない商品を開発したいというオーダーをいただき、消費者インタビューを行ないました。

過去のインタビューでは、「朝食には食パン」「昼は総菜パン」等のシーンごとに何のカテゴリーが出てくるかはわかったものの、ニーズを深掘りすることができず、新商品アイデアの芽が見つかりにくい状況だったそうです。

そこで、「生活文脈からニーズを掘り下げる」ことを意識して調査を行なったところ、新たな発見が多くありました。

競合製品とパンの関係性やポジショニング、まだ獲得できていない領域が明確になりました。そして、「忙しい朝に10秒ごはん」「職場でサクッと完全食」「休日に食べたい幸せパン」等、お客様の生活文脈別のニーズごとに異なる商品ラインナップを開発し、売上の拡大につながりました。

このように、具体的な生活文脈で消費者を理解することで、商品開発に活かせる真のニーズを把握することができます。

プロセス感情の言語化で、潜在的ニーズが見える

皆さんは普段、消費者インタビューを行なう際、感情にフォーカスしていますか？
使用プロセス・購買プロセスはしっかり調査してきたけれど、そのときはそこまで感情にフォーカスしてなかったかも……というマーケターの方は意外に多い印象があります。

私は、今までに2万人にインタビューを行なってきましたが、その経験を通じて得た**最も大切なことは感情を理解すること**だと感じています。

感情は、消費者の消費行動や購買行動を引き起こす最も強いドライバーです。プルチックが提唱する「感情の輪」では、基本感情は、喜び、期待、驚き、怒り、嫌悪、悲しみ、恐れ、信頼と言われています。うれしい・楽しい、ワクワク・ドキドキ、びっくり、むかつく、嫌い、がっかり・残念、怖い、不安など、**ポジティブな感情もネ**

ガティブな感情も、何か感情が発生したタイミングで消費行動や購買行動にスイッチが入ります。

消費者は、必ずしも自分のニーズや不満を明確に言葉にできるわけではありません。しかし、**感情を自覚し、それを言語化することで、普段意識していない潜在的なニーズや未充足ニーズを探り出す手掛かり**になります。

そこに、競合製品と差を生み出す新商品のアイデアのヒントがたくさん隠されています。

私の過去の経験で言うと、この手法は、特定のプロセスを深掘りしたい場合、例えば洗剤や掃除道具などの日用品や家電、調理を伴う食品や調理器具など、プロセスの把握が重要なカテゴリーで実施するのが有効です。

今一度、ユーザーの行動をしっかり把握し、使用・購買行動の中から未充足ニーズを抽出したいと思ったら、ぜひ**プロセス感情の言語化**にチャレンジしてみましょう。

プロセス感情の言語化に向けた聴取法

具体的な聴取方法について見ていきましょう。

プロセス感情とは、**商品やサービスを利用する際のプロセスごとに発生する一連の感情**になります。

購入前、購入中、購入後、使用前、使用中、使用後……、すべてのプロセスにおいてどのような感情が発生しているかを確認します。**プロセス感情を言語化することで、選択の背後にある動機や不満、期待を明らかにする**ことができます。

【事例】食器用洗剤を使用するプロセス感情を明らかにする

食器用洗剤の調査の事例について見てみましょう。洗剤メーカーから、新しい洗剤のブランドを立ち上げるにあたって、洗剤使用におけるプロセス感情を細かく把握し、新商品アイデアのヒントにつなげたいというオーダーをいただき実施しました。

インタビュー前の事前作業として、食器用洗剤を使ったときのプロセスを細かく記録してもらいます。ポイントは、**一つひとつの行動について、五感を意識して記録すること**です。そして、**そのときに発生した感情を丁寧に言語化**していきます。普段は脳がオートマチックに行なっている「食器洗い」という行動において、無意識下でいろんな気持ちを感じていることに気づくと思います。

一連の行動を声に出しながら動画で記録し、その後、動画を見ながらフォーマットに手書きで書いてもらう、Excel や PowerPoint に記録してもらうなどの方法がありますす。非常に骨が折れる作業ですが、事前にきちんと口頭で被験者にご説明し、こちらの狙いと求めている情報量をご理解いただくことが必要になります。

結果を分析する際の方法としては、**感情が動いた瞬間を捉える**ことが重要です。プロセスごとに、ポジティブ感情とネガティブ感情を整理します。

ポジティブ感情もネガティブ感情も、どちらも潜在的なニーズの抽出に活用できます。この事例では、

「油汚れやドロドロの汁を流す罪悪感がありつつも、面倒なのでそのまま流す」

「良い香りに癒されてやる気スイッチが入る」

食器用洗剤を使用するプロセス感情を明らかにする

食器を洗うときのことについて、日記のご記入をお願いいたします。
以下のフォーマットにそって、そのとき行なったこと、五感で感じたこと、
そのときの感情・気持ちについてご記入をお願いいたします。

	あなたがした行動を詳しく教えてください。 特に五感で感じたことを詳しく教えてください。（視覚・聴覚・嗅覚・味覚・触覚）	**どのような気持ちになりましたか。** ポジティブ／ネガティブそれぞれ具体的に教えてください。
①汚れた食器が出る	・食卓の食器を重ねてシンクへ運ぶ（触覚）。ソースがべったり残っていたり、揚げ物の油が付いたものは、重ねると他の食器まで汚れてしまうので、重ねずに運ぶ（視覚）。 ・食べ残しは食器からゴミ箱へ捨てる。 ・汚れが多い食器に水をかけ、流れる汚れは落とし、食器は洗剤を溶かした水に付け置きする。	・運ぶときに手に汚れが付くと嫌な気分になる。 ・まとめて一気に運びたいが、バランスが悪くなり落としたら嫌だし、汚れが広がるのも嫌なので、何度も食卓とキッチンを往復して、面倒に感じる。 **・油汚れやドロドロの汁を水で流すと環境に悪いかもしれないと気になと家庭科で習ったと思い出すが、新聞紙はないし面倒でやらない。**
②食器を洗おうとシンクの前に立つ	・食べ終わったら、食休みはとらずにそのままシンクの前に立つ。 ・手荒れを防ぐためにゴム手袋をはめる。 ・洗おうと思い立つまでが長くなるので、食事という一連の行動の中に食器洗いを組み込んで、間に休みを入れないように心がけているが、とにかく面倒。	**・食後に一度くつろいでしまうと立ち上がれない。始めるまでのストレスがすごい。** ・ゴム手袋は滑りやすく食器を落として割らないか緊張する。 ・ゴム手袋を洗う手間が増えるのでなんだかなと思う。 ・今は 100 円均一のゴム手袋を使っているが、自分好みのゴム手袋を使えば食器洗い時のテンションが上がるかもしれないと購入を検討している。
③食器を洗う	・スポンジに洗剤を付けて、くしゅくしゅと揉み込んで泡立てる（視覚・触覚）。 ・洗剤からオレンジの香りがただよう（嗅覚）。 ・汚れが少ないものを選び、順に洗っていく（視覚）。洗ったものはシンク横の調理台に重ねていく。水切りラックに入れることを想定して、小さいものが上に来るように重ねる。 ・ごはん茶碗にこびりついたお米が硬くて、落とすのに苦労する（触覚）。 ・油がびっちりついたフライパンは最後に洗う（視覚・触覚）。 ・ガラス食器やテフロン加工の調理器具は、強く洗いすぎないように注意する（触覚）。 ・食器が多い時は大物の鍋やフライパンが洗いきれない。一度すすいでから大物を洗う。	**・洗剤の良い香りにちょっと癒される。面倒くさい気持ちから、よしやろう！とスイッチが入る。** ・少ない洗剤で泡立つと効率的でうれしい。 ・汚れが落ちないと苛々する。強く洗って傷ついては嫌な食器もあるので力の加減が難しい。 ・食器の残りが数枚なのに泡切れすると、洗剤を足すかそのままやり切るか悩む。**洗剤を使いすぎると環境に悪い気がして罪悪感がある。とはいえ、汚れが落ちていないのも不衛生で心配である。** ・なるべく短時間で食器洗いを済ませたいので洗う手数を減らす方法を考えている。**自分より夫の皿洗いの手際が良く見えて、自分のやり方が悪いのかと気になっている。**
④洗剤の泡をすすぐ	・調理台に重ねた食器を水やお湯ですすいでいく。洗ったはずのお皿の裏がぬめっとしていて洗い直しをする（触覚）。 ・食器を裏返して泡が落ちているか見る（視覚）。あわせて食器の表面の指触りで、泡が落ち切ったことを確認しながら進める（触覚）。 ・シンク横の水切りラックに食器を重ねる。 ・スポンジを洗い、最後にシンクの中を洗って拭く。	・水作業が多いと手が荒れて傷ができ、食器洗いの水や洗剤が沁みるので悲しくなる。 **・しっかり洗ったつもりなのにコーヒーカップのそこが茶色くなっていると、落ち込む。** **・キュッキュッとガラス食器が音が鳴ると、きれいになっていると実感できて満足する。** **・どこまですすいだら終わりなのか正解がわからない。長くすすいでいると水道代も気になる。皆はどうしているのだろう？** ・食器洗いの時間をどう有効活用する考えている。つま先立ちで太ももの筋トレしながら洗うときや歌を歌っているときがある。自分にとって実のある価値のある時間にしたい。 ・食器スポンジ以外にシンクを洗う用具も必要で、シンク周りにモノが多いことに鬱々する。

「少ない洗剤で泡立つとうれしい」
「洗剤を使いすぎることへの罪悪感」
「手触りできれいになったことを実感」
「どこまですすいだら正解かわからない」
「すすぎすぎることで水道代も気になる」
「作業の効率が悪いのではという悩み」

など、潜在的なニーズが見えてきました。

汚れを出す際の、環境への配慮と利己的な行動を変えられない葛藤《かっとう》が垣間見られます。自分の洗い物作業が妥当なのかの疑問も挙がっています。商品開発に活かせる視点がたくさんあがった調査になりました。

インタビューでは、事前課題をベースに、プロセスごとにどういう行動をしたか、どのような気持ちだったのか、行動の理由や詳細な感情を深掘りしていきます。

もう少しライトに実施したい場合は、**モーメントの感情を捉える方法**も有効です。

商品を使用・購入する前後最中において、快・不快な感情が発生した瞬間に、状況と感情をオンラインツールに投稿していただきます。最近の調査業界では、ＬＩＮＥのオープンチャットを活用して、その瞬間をキャッチアップする手法を活用するケースが増えてきています。

プロセス感情を言語化すると、消費者が自覚していない潜在的なニーズや課題が明らかになります。

消費者が得たい感情を満たしている商品は、単なる機能の差ではなく、情緒的な深いつながりを消費者と形成しています。自社の商品を使うことで満たしている感情を丁寧に紐解いていくことで、訴求において強いメッセージの根幹を把握することができます。そして、商品開発やコミュニケーション開発において強力なツールとなり、競争優位性を高めるための鍵となるでしょう。

言葉の意味を深掘りしたいなら、メタファーで捉える

マーケターの皆さんから、こんなお悩みをよく聞きます。

「各社がほとんど同じ訴求をしていて、差別化ポイントが見つからない。どのような切り口で商品を開発するべきか迷子になっていて、打ち手が見つからない」

確かに近年、**カテゴリー内のセールスポイントがより均質化していっている印象**です。第1章でお伝えしたとおり、消費者から見てどのような差があるかわからず、選びにくいという声も増えています。

洗剤カテゴリーであれば「洗浄力、白さ」、麺類カテゴリーであれば「麺のコシ、もちもち感」、メイク品カテゴリーであれば「発色、ツヤ、透明感、密着感」、スキンケアカテゴリーであれば「美白、潤い、浸透」等、消費者の強いニーズを満たす訴求は均一化されがちです。売り場を見渡すと、各社さまざまな調査からインサイトを捉えて、なんとか異なるキャッチーな切り口を見つけ出そうという姿勢が垣間見られます。

特定の言葉を深掘りして、他社に差をつける商品コンセプトを開発したい、コミュニケーションワードを探りたい――。

そんなときは、**ビジュアルを使ってメタファー（比喩）を捉える手法**がお勧めです。言葉には、表層的な意味合いだけではなく、その言葉を聞いて思い浮かべる過去の体験・感情・イメージ・効果・メリット等、さまざまな情報が紐づいています。それは、**消費者一人ひとりが異なるものを思い浮かべています。**

これらの深層的な意味を理解するためには、言葉だけの説明よりも、メタファーを活用することが効果的な手段となります。

メタファーとは、ある抽象的な概念を、別の言葉の言い回しやビジュアルイメージでたとえることを意味します。**概念をメタファーで捉えることで、言葉の意味をより深掘りし、具体的で理解しやすいイメージに変換する**ことができます。また、**直感的な理解や新たな視点が見えてくる**というメリットもあります。

【事例】スキンケア商品をメタファーで捉える

スキンケアの事例を挙げて見ていきましょう。

ある**化粧品会社**からのご依頼で、新しい保湿クリームを開発するにあたり、乾燥肌をターゲットに「潤い感をどのように伝えるか」を探るために、メタファーを用いた調査を実施しました。

まず、被験者に事前の課題として作業を行なっていただきます。

「あなたにとって潤いのある肌とは、どんな肌だと思うか」と潤いの概念を聞きます。次に、**「潤いを何かにたとえると、どんなモノ・コトが思い浮かぶか」**とメタファーでも考えてもらいます。

そして、**「あなたの潤いのイメージに合う画像を収集してください」**と依頼し、画像検索や雑誌などから探してもらいます。なるべく多く収集したいので、5点以上集めてもらい、**「なぜその画像を選んだのか」理由を回答**してもらいます。

その後、デプスインタビューを行ない、事前課題を基に潤いについて深掘りしていきます。また、インタビューではこちらでもメタファー画像をさらに用意して「潤いのある肌」「潤いのない肌」の写真を選んでもらい、画像からくるイメージを深掘りします。

潤いに絶対に欠けてはならない重要な要素、画像間の関連性などを聞き、さらに

「潤いがあると、どんな肌になれるのか、どんなメリットがあるのか」を確認します。

このときの調査では、

「水が滴って乾いた土に染み渡る」

「砂漠の中のオアシス」

「鮮魚のような新鮮さ」

「ふっくらとして艶やかなお米」

など、潤いの象徴が数多く見つかりました。その中でどの潤いを目指すべきか方向性が定まり、コミュニケーションに活用し、効果的に潤いを消費者に伝えることができました。

メタファー画像は、用意するのがいい？　出してもらうのがいい？

調査する側がメタファー画像を用意するケースと、被験者のイメージに近い画像を用意してもらうケースがありますが、それぞれメリット・デメリットがあります。

イメージヴィジュアル

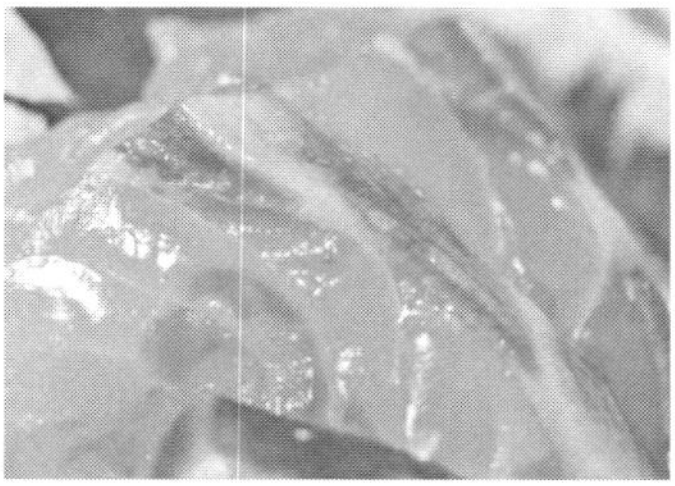

こちらで画像を用意するメリットは、被験者の負担を低減できること、多く選ばれる画像の傾向を知れることですが、デメリットは発想が狭まってしまうこと、該当するイメージがない可能性があることが挙がります。

一方、**被験者ご自身で用意してもらうメリット**は、より自由な発想で、広い選択肢から選んでもらえることですが、デメリットはあまり真剣に探してもらえないなど、人によって作業のレベルにムラが出ることです。

事前に画像を用意するケースが多くなっていますが、余裕があれば、潤いの事例のようなハイブリッド型をお勧めしています。

ジェラルド・ザルトマンの『心脳マーケティング』では、こんな事例を挙げています。

「GM社では消費者にフレンドリーな時計とはどのような時計かを尋ねて、時刻のわかりやすい時計や、過酷な使用に耐える時計などの写真を持参した。こうした時計に共通する特徴としては、文字盤が大きいこと、数字が見やすいこと、ローテクであること、工業的な感じがしないこと等があった。また楽しそうに見える時計を選んだ回答者も多かった。楽しそうな時計の特徴は、そういう色であったり、無邪気で滑稽な形をしていることや、文字盤が丸いことのほか、思わずにっこりしてしまうようなデザイン、ほっとするようなデザイン、見ると一言何か言ってみたくなるようなデザインであった」

このように、メタファーを用いることで、潜在的なニーズの発見や、製品の特長を消費者に直感的かつ効果的に伝え、市場での差別化を図るために有効に活用することができます。

真のニーズを捉えたいなら、ニーズの上位概念を聞く

これまでご紹介してきた方法でインタビューを行なうことで、さまざまなニーズを発見することができるかと思います。

ここでは、さらにもう一歩ニーズを深掘りできるインタビューのテクニックをご紹

介します。

ニーズの上位概念、つまり、**ＢＥニーズを引き出す方法**です。ＢＥニーズの説明は第２章でご確認ください。

ＢＥニーズを把握することは、なぜ重要なのでしょうか？

別にＤＯニーズだけでも十分だと思われる人もいるかもしれません。もちろん、ＤＯニーズの把握も非常に重要ですし、過去の経験からも、ＢＥニーズまでは把握しない調査の実施も多くあります。

ＢＥニーズとは、どのような人生を生きていきたいか、一人の人間として自分がどうありたいかを表す自己実現やアイデンティティにかかわる**人間の根源的なニーズ**です。これは、**表面的な欲求や無意識に行なっている行動の背後にある深層心理やその人の価値観**に基づいています。

つまり、ＢＥニーズを把握することで、お客様が商品やサービスに対して持っている根本的な動機や期待について明らかにすることができます。

表面的なニーズだけを把握して商品・サービスをつくるよりも、ＢＥニーズを満たせるような価値を持った商品を提供しようと意識することで、他社の競合製品と差別化するためのヒントが見えてきます。

ＢＥニーズは、抽出するインタビュアーにも、そして読解し分析する際にも、それぞれにスキルが求められますが、きちんと理論を理解し、何度か実践すれば誰にもできますのでご安心ください。

ＢＥニーズを抽出することができるのは、その人が関心の高いテーマになります。関心の低いテーマだと、自己実現までつながっていないので、ＢＥニーズの抽出が難しくなります。

ＢＥニーズを抽出する方法

それでは、具体的な方法について見ていきましょう。ＢＥニーズを一番出しやすいのは、**「自分が特に好きなモノ」**です。聞き方はとてもシンプルです。

①「特に好きなモノ」を聞く。

②「どんなところが好きか」を聞く。

この段階では、DOニーズが出ることがほとんどです。いくつかあると思いますので、複数挙げてもらいます。BEニーズにつながりそうなキーワードを特定して、次の質問をします。

③「〇〇があることで、どんなメリットがあるか」を聞く。

ここでもまだDOニーズが出るかもしれませんので、キーとなるポイントを捉えて、さらに上位概念を聞きます。

④「それがあることで、どんな良さがあるか」を聞く。

もう1段階上のことを聞けそうだったら、次の質問をします。

⑤「あなたにとって、それはなぜ大切か」を聞く。

この質問でBEニーズが抽出できます。BEニーズにたどり着けたところで、終了です。

被験者によってはうまく言語化できない方もいらっしゃいます。焦らず、丁寧に聞いていきましょう。また、一気に「幸せになれるから」という最上位概念の幸福追求ニーズを出してしまう方もいますので、その場合は、「幸せにもいろんな幸せがあると思うけれど、どんな幸せか」「どんな幸せな気持ちになれるのか」「何をしている感覚と似ているか」等、**抽象的な回答を具体化していく**ようにしましょう。

【事例】クリームチーズでBEニーズを引き出す

それでは、具体的に見ていきます。クリームチーズでインタビューした事例です。

①あなたが一番好きなモノ、特に好きなモノは何ですか？

被験者：「Kiri クリームチーズ」です。

②「Kiri クリームチーズ」のどんなところが好きですか？（複数挙げてもらう）

被験者：コクと旨みを感じられる深みのある味わいが好きです。ちょっと塩分もあって好きです。

インタビュアー：他にもありますか？　いくつか挙げてみてください。

被験者：どんな食べ物と一緒に食べてもマッチします。

被験者：クリームが柔らかくて、食べていて癒されます。

③「コクと旨みを感じられる深みのある味わい」があると、どんなメリットがありますか？

（他の質問バリエーション：どんな良さがありますか？／どんな良いことがありますか？／それはなぜ大切なのでしょうか？）

被験者：とにかくミルク系の、コクのあるクリームが好きで、常にそれを欲しているので、クリーム欲が満たされるんです。

インタビュアー：「クリーム欲」をもう少し詳しく教えてください。

被験者：私はクリーム党なので、パスタはクリーム系、ラーメンは博多豚骨系などを選びがちです。ドリアやピザ等、チーズをたくさんかけて食べたいといつも思っていて、クリーミーでミルク感とうまみのある食べ物を食べたいと思う欲求が食事のたびに出てきます。

インタビュアー：あなたにとって、「クリーム欲が満たされる」と、どんな良いことがありますか？

被験者：食事への満足度が爆上がりします。今日も自分が好きなものを食べられたという満足感でいっぱいになります。

インタビュアー：「自分が好きなものを食べられた」と感じられることは、あなたにとってなぜ大切ですか？

被験者：私は毎日ちょっとしたことでも幸せを感じて、自分を喜ばせたいと思っています。自分を喜ばせることで、ストレス解消にもなるし、元気になって毎日の活力・やる気が出る感じがします。

④「どんな食べ物と一緒に食べてもマッチする」ことで、どんなメリットがありますか？

（他の質問バリエーション：どんな良さがありますか？／どんな良いことがありますか？／それはなぜ大切なのでしょうか？）

被験者：何を食べてもおいしくなるんです。私はお昼につくってきたお弁当と合わせることが多いのですが、例えばブロッコリー、卵焼きとか、まあ普通の味なんですけど、Kiriと一緒に食べることで、単体で食べるよりも2倍以上おいしくなります。「普通の食べ物がすごくおいしいものに変わる」これはすごいメリットです。

インタビュアー：「普通の食べ物がすごくおいしいものに変わる」ことは、あなたにとってなぜ大切ですか？

被験者：好きなものだけ食べて生きていきたいという気持ちが根本的にある気がします。いろいろ肉や野菜、栄養も摂らないといけないし、そんなこと実際にはなかなか難しいのですが、Kiriがあるだけで、好きなものだけ食べて生きていける状態に近づけるなって感じがします。私の日常に、なくてはならない存在です。

インタビュアー：「好きなモノだけ食べて生きていく」ことは、あなたにとってなぜ大切ですか？

被験者：「毎日楽しく生きていきたい」ってよく思っています。日々の暮らしの中でちょっとしたことでも楽しみがたくさんあるほうが、幸せに生きれるなって感じがしています。

今回は、好きなモノでBEニーズを出しましたが、どんなテーマでも応用可能です。インタビュー中に、**「どんなメリットがあるか」「どんな良さがあるか」「それはなぜ大切か」この質問を挟むだけで、インサイトフルな情報が引き出せる**かと思います。

商品やサービスに対して持っている根本的な動機、潜在ニーズを把握したいときは、BEニーズを把握することが重要になります。BEニーズを満たす価値を持った商品を提供しようと意識することで、他社の競合製品と差別化するためのヒントが見えてくるでしょう。

クリームチーズでBEニーズを引き出す

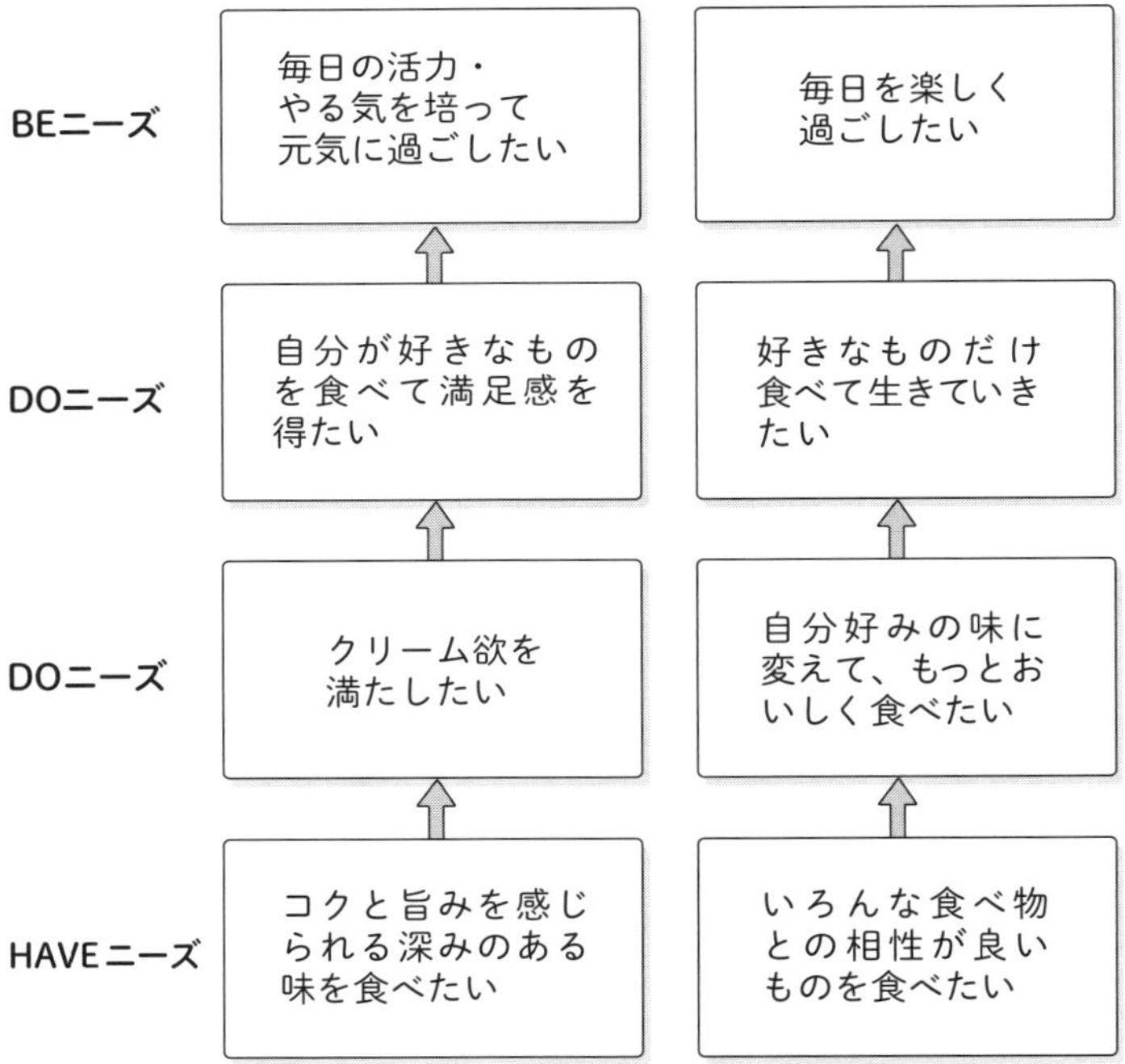
BEニーズ
毎日の活力・やる気を培って元気に過ごしたい
毎日を楽しく過ごしたい
DOニーズ
自分が好きなものを食べて満足感を得たい
好きなものだけ食べて生きていきたい
DOニーズ
クリーム欲を満たしたい
自分好みの味に変えて、もっとおいしく食べたい
HAVEニーズ
コクと旨みを感じられる深みのある味を食べたい
いろんな食べ物との相性が良いものを食べたい

原則2 4セグメント・ブラッシュアップ

消費者ニーズの解像度をさらに上げる、知らなきゃ損するニーズ4分類理論

人間の本質がわかる10の根源ニーズ

消費者ニーズをさまざまな視点から抽出した後には、それらを深く分析する段階が待っています。ここでは、人間が根本的に持つとされる10の根源ニーズ、通称「BEニーズ」について詳しく解説します。

「自社の商品が消費者の人生に影響を与えているなんて大げさだ」と感じるかもしれませんが、実際には、**消費者が選ぶ商品には必ず何らかのBEニーズが関係しています**。自社の商品が、消費者の人生ニーズをどう満たしているか、知りたくはありませ

んか？

そんなときは、人間の本質がわかる10の根源ニーズと重ね合わせて分析をしてみましょう。そうすることで、自社の商品がどのような根源ニーズを満たしているのかが明確になるので、**他と差別化できるポイントを正確に捉える**ことができます。

消費者の中にどのようなＢＥニーズが存在しているかを把握するだけで、ニーズの解像度がぐっと上がります。

私たちの感情や行動を突き動かす本能、それが**「幸福追求ニーズ」**です。人間は幸せを追求する存在であり、これは生涯にわたって満たされることなく続く欲求です。この**幸福追求ニーズをさらに細分化すると、10個のＢＥニーズに集約されます。**

人は基本的にこのすべてのＢＥニーズを持っているとされていますが、個人によって特に強く現れるニーズは２、３個に絞られる傾向があります。

さて、あなたはどのＢＥニーズを強く持っているでしょうか？

まずは自分を知ることから始めましょう。

根源（幸福追求）ニーズと10個のBEニーズ

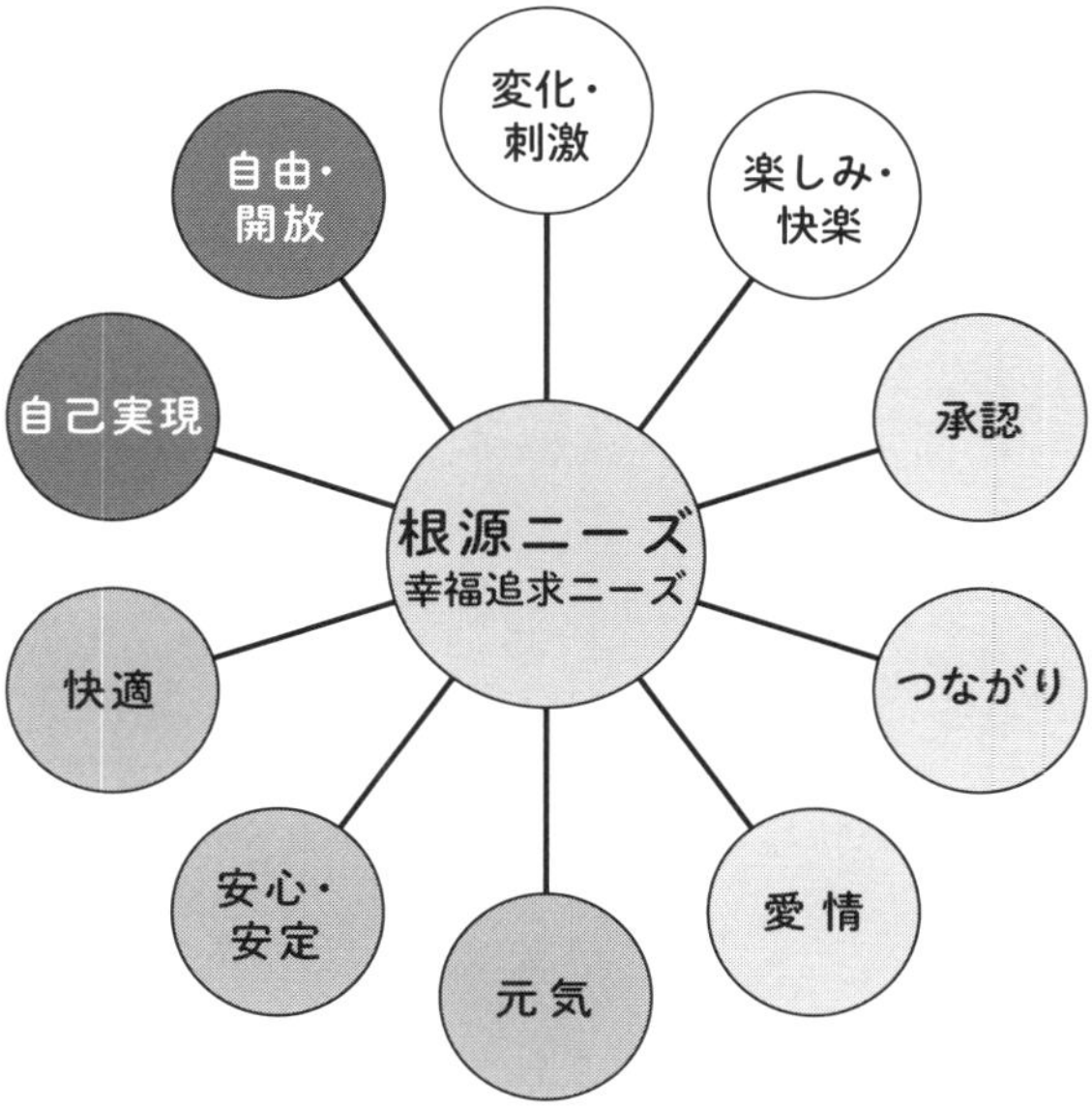

①変化・刺激ニーズ

新しい経験・体験によって、生活や気持ちの変化を求めるニーズです。いつも同じ毎日ではつまらないと感じ、非日常が味わえる体験を求めています。変化や刺激を欲し、感動、驚き、興奮等のいつもとは違った感情を得ることでこれらのニーズが満たされます。

②楽しみ・快楽ニーズ

ストレスがなく、楽しくて、楽な生活を求めるニーズです。日常生活を楽しめることで、自分の生活が充実していると感じられます。面倒なことをせず楽ができ、心地良く楽しい状態でいられると、精神的な満足感を通じて幸福感を得られ、これらのニーズが満たされます。

③承認ニーズ

人から認められたい、肯定されたい、モテたい、特別な存在だと思われたいという承認欲求につながるニーズです。他者から価値を認められる喜びが根本にあります。

また、社会やコミュニティでの存在感や影響力を発揮したり、尊敬されることで、これらのニーズが満たされます。

④つながりニーズ

友人と仲良く付き合いたいなど、身の回りの人との交友の喜びを求めるニーズです。また、共感する人や憧れの人など、特定のグループに所属し、人とつながって安心を求めたいという帰属欲求も該当します。

⑤愛情・貢献ニーズ

他者を思いやり愛情を注ぎたい、子どもを育てたいなど、他者との深い絆や愛情を感じたいと思うニーズです。人の役に立ちたい、人に貢献したいという、応援ニーズも該当します。

⑥元気・健康ニーズ

健康で不具合がなく、元気でありたいと、健康の喜びを求めるニーズです。病気やストレスと無縁であること、元気でエネルギッシュな状態を目指しています。

⑦安心・安定ニーズ

ストレスやマイナス材料を排除して、安定している平穏な毎日を送りたいと求めるニーズです。変わったことをするよりも同じ毎日を繰り返すこと、限りなくリスクを排除し不安を払しょくすることで、安心できる毎日を送りたいと感じています。

⑧快適ニーズ

毎日心地良く過ごすために、快適さを求めるニーズです。日常生活を快適に過ごしたい、ニュートラルな自分でありたいなど、浮き沈みのない快適で調和のとれた生活の維持を求めています。

⑨向上・達成ニーズ

自分を向上させていく、自分を成長させていくことで満足感が得られるニーズです。新しいもの、知的なものに触れ、自分の知的好奇心を満たしたい。目標に向かって成長していきたい、自己を高め続けることでより良い人生を歩みたいと感じています。

⑩自由・解放ニーズ

義務や制約に囚われず、誰にも気を使うことなく、ありのままの自分で生きていくことを求めるニーズです。自分らしく過ごせる時間、自分の個性を表現できること、ストレスから解放され、自然体の自分でいられることを求めています。

BEニーズの働きかけ方については、次ページの一覧表も併せてご参照ください。商品やサービスがどのように働きかけるとBEニーズが満たせるかをまとめています。この図を活用することで、ターゲットが強く持つBEニーズを特定し、それに応じた戦略を考えることが可能となります。こうして、商品が満たすべきBEニーズを明確にすることで、独自性を打ち出し、ヒット商品を生み出す可能性が広がります。

BEニーズの働きかけ方一覧表

BEニーズ	BEニーズ特徴	BEニーズへの働きかけ方
変化・刺激のニーズ	●新しい経験・体験によって、生活や気持ちの変化を求めるニーズ。 ●いつも同じ毎日ではつまらない、非日常を味わいたい。 ●変化や刺激を欲し、いつもとは違った感情を得たい。	●新商品や新体験等の未体験が味わえる商品・サービス ●感動、驚き、興奮等の感情を刺激するような体験
楽しみ・快楽のニーズ	●楽しく、楽な生活を求めるニーズ。ストレスのない暮らしを求める。 ●面倒なことはせず楽ができる、心地よく楽しい状態でいられると、精神的な満足感を通じて幸福感を得られる。	●趣味を楽しむ生活が送れる、好きなことをして1日中過ごす、みんな楽しく盛り上がれる等、日常生活をで楽しめることで自分の生活が充実していると感じられる商品・サービス
承認のニーズ	●人から認められたい、肯定されたい、モテたい、特別な存在だと思われたいという承認欲求につながるニーズ。他者から価値を認められる喜びが根本にある。 ●社会やコミュニティでの存在感や影響力を発揮したり、尊敬されることを望む。	●「仕事で成果を出して認められたい」「良い成績を残して親に褒められたい」など、社会的な評価を得られる商品・サービス ●人から称賛される・一目置かれる等、所有・利用することで周囲からの評価があがったり、反応が得られる商品・サービスやイベント
つながりニーズ	●友人と仲良く付き合いたい等、身の回りの人との交友の喜びを求めるニーズ。 ●共感する人や憧れの人等、特定のグループに所属し、人とつながって安心を求めたいという帰属欲求。	●心を通わせ、人との交流を促す商品・サービス ●集団の一員になった気分を味わえる、身近な人とつながっている気持ちが満たされる商品・サービス
愛情・貢献ニーズ	●他者に愛情を注ぎたい、子どもを育てたい等、他者との深い絆や愛情を感じたいと思うニーズ。相手からの感謝の言葉で安心や幸福感が高まり、ニーズの充足度が深まる。人の役に立ちたい、貢献したいという応援ニーズも該当。	●家族への愛情、友人との絆、社会的な貢献、好きなモノへの応援など、対象との間に絆を築ける商品・サービス
元気・健康ニーズ	●不具合がなく、いつも元気でありたい、健康であることを求めるニーズ。病気やストレスと無縁であること、元気でエネルギッシュな状態を目指している。	●健康に良い食事をしたい、健康を意識して予防をしたい等、健康であり元気ではつらつとした自分であるための商品・サービス
安心・安定ニーズ	●ストレスやマイナス材料を排除して、安定した平穏な毎日を送りたい。 ●変わったことをするよりも、同じことを繰り返して安心して過ごしたい。	●今日と同じ明日を過ごせること、安定した安心安全な暮らしを実現できる商品・サービス ●限りなくリスクを排除し、不安を払しょくできる商品・サービス
快適ニーズ	●毎日心地よく過ごすために、快適さを求めるニーズ。日常生活を快適に過ごしたい、ニュートラルな自分でありたい等、浮き沈みのない快適で調和のとれた生活の維持を求めている。	●日常生活を快適に過ごすための工夫、時間を効率的に使うこと、自己をコントロールして理想の生活を送る商品やサービス ●リラックスすることでニュートラルな自分になれる商品やサービス
向上・達成ニーズ	●自分を向上させていく、自分を成長させていくことで満足感が得られるニーズ。 ●新しいもの、知的なものに触れ、自分の知的好奇心を満たしたい。目標に向かって成長していきたい、自己を高め続けることでより良い人生を歩みたい。	●目標に向かって成長していき、自己を高め続けられる商品・サービス ●知らなかったことが知れる等、知的好奇心を満たせる商品・サービス
自由・解放ニーズ	●義務や制約に囚われず、誰にも気を使うことなく、ありのままの自分で生きていくことを求めるニーズ。自分らしく過ごせる時間、自分の個性を表現できること、ストレスから解放され自然体の自分でいられることを求める。	●他者を気にせず自分らしく過ごせる、自分の個性を発揮できる体験・サービス ●義務や制約から解放され、リフレッシュできる商品・サービス

時代とともに変わるニーズと、10年後も売れる商品をつくる秘訣

20年前、あなたの日常生活はどんなものだったでしょうか？

スマートフォンもSNSもない世界。情報収集は新聞やテレビが中心で、友人との連絡は固定電話やメールが主流でした。たった20年で、私たちの生活は劇的に変化しました。

この変化は、消費者ニーズの進化を如実に物語っています。

しかし、興味深いことに、時代を超えて変わらないニーズも存在します。この**「変化」と「不変」のバランスを理解する**ことが、10年後も売れる商品を生み出す秘訣《ひけつ》となります。

まず、**時代とともに変わらないニーズ**について考えてみましょう。

これらは人間の根本的な欲求に根ざしたニーズであり、先ほどの項目でも触れたよ

うに、10の根源的なニーズが該当します。これらの根源的なニーズは、時代が変わっても不変です。もちろん、その強さに変動はあるかもしれませんが、常に存在し続けるものです。

時代とともに変わってきた4つのニーズ

では、**時代とともに移り変わってきたニーズ**とはどのようなものでしょうか？
これらのニーズは、社会のトレンドや技術の進展によって大きく影響されます。
以下に、**現代における代表的な4つの変わりゆくニーズ**を紹介します。

①利便性の追求

消費者は、より迅速で簡単、便利なサービスを求めています。スマートフォンの登場や技術革新により、利便性が飛躍的に向上しました。例えば、モバイル決済やオンラインショッピングの普及によって、日常的な買い物がかつてないほど簡単になりました。また、手軽に調理できる食品、温めるだけで食べられる冷凍食品、外食が家で食べられる宅配サービスなど、食品業界の発展も凄《すさ》まじいものがあります。
どのレベルまで利便性を追求するか、そのニーズは変化しやすいものとなっています。

②マス化か、個人最適か

その昔は、皆が同じように流行しているモノを所有していましたが、現在では、消費者の個別のニーズに合わせたカスタマイズ商品やサービスが求められています。レコメンド機能や、オーダーメイドのファッションアイテム、パーソナル診断を基にした美容の商品・サービスなど、消費者の嗜好《しこう》やライフスタイルに合わせた提案が重要視されています。このトレンドは続くと考えられます。

③モノの所有から体験重視へ

モノを買って満足するだけではなく、モノを使用してどのような感情を得られたか？　体験を重視する傾向が強まっています。旅行やイベント参加など、記憶に残る体験を提供するサービスはその代表例です。非日常の体験だけではなく、日常の中でも、その商品・サービスを利用することでどのような体験ができるのか？　ちょっとした驚きと意外性、期待を超える商品を消費者は求めていると強く感じます。

④環境への配慮

環境問題への意識が高まり、持続可能性を考慮した製品やサービスが求められるようになってきました。10年前と比較して、環境問題を自分事とし、可能な範囲でモノ選びに取り入れる消費者が増えてきていると実感しています。自分たちの未来を守るため、エコバッグの使用や再生可能エネルギーを利用した製品など、環境に優しい選択肢を選ぶ傾向が強まっています。

これらのニーズに応える商品は、一時的に大ヒットする可能性がありますが、次の技術革新や流行の変化によって陳腐化するリスクも高いのです。

ロングセラーコンテンツに求められる4つの視点

以上を踏まえ、長く売れる商品・サービスを開発するためには、次の4つの視点が重要だと考えます。

①根本的なニーズを満たす変わらない人間の本質的欲求に応える商品コンセプトをつくること。

②それだけではなく、時代の変化に柔軟に対応した、新技術の導入や社会トレンドへの適応を継続的に行なうこと。

③ブランドの本質を保ちつつ進化し、ブランドの核となる価値観を維持しながら、表現方法を現代に合わせて更新すること。

④定期的な顧客調査や双方向コミュニケーションを通じて、ニーズの微妙な変化を捉えること。

結論として、10年後も売れ続ける商品を開発するためには、「人間の本質的な欲求」を深く理解し、それに応える価値を提供し続けることが重要です。そして、その本質を守りながらも、時代の変化に合わせて商品やサービスの形を柔軟に進化させていく。

この「不変」と「変化」のバランスこそが、長期的に成功する商品の秘訣です。

あなたの商品は、どんな「変わらないニーズ」に応えていますか？　そして、変化する時代にどう適応していくのでしょうか？

これらの問いに答えることが、10年後も愛され続ける商品を生み出す第一歩となります。

あなたの顧客はどのタイプ？——ニーズ4分類理論

消費者インタビューを行なう際、私はいつも「この人はどんなタイプの人なのだろう？」と考えながら話を聞いています。このとき、相手のイメージをつかむのに役立つのが**「ニーズ4分類理論」**です。

もちろん、理論に縛られすぎるのは避けたいところですが、手掛かりが全くない状態で話を聞くよりも、こうしたフレームワークを持っていると非常に便利です。

ニーズ4分類理論とは、**人間の根源的なニーズ（10個のBEニーズ）を、4つに集約**

したものと考えていただけるとわかりやすいと思います。

10個のBEニーズは、「ブランドがどこを目指すか？」の指標にする際に非常に役に立ちますが、人を分ける際に使う際には、ニーズ4分類理論がシンプルで使いやすいものになっています。

4つのニーズの内容

では、その4つのニーズをご紹介します。4つのうち、どれか1つだけが該当するわけではなく、人はすべてのニーズを持っており、個々人でその強弱が異なると考えられます。

「変化・刺激ニーズ」と**「安定・平穏ニーズ」**は対立するニーズになります。1人の中にどちらも存在していますが、片方を強く持つ傾向があります。

「変化・刺激ニーズ」を強く持つ人は、日々の生活の中に刺激と変化を求め、未知なることに対してアグレッシブな傾向が見られます。

「安定・平穏ニーズ」を強く持つ人は、不安やリスクを解消して安定した暮らしを求

ニーズ4分類理論

変化・刺激 ⇔ **安定・調和**

変化・刺激

・今までと違う体験をしたい
・冒険心、探求心
・非日常を感じたい
・好奇心を満たしたい
・バラエティを感じたい

安定・調和

・今までと同じように生きたい
・安定したい、安心したい
・快適さを感じたい
・不安・リスクを解消したい
・確実感を得たい

自己実現 ⇔ **つながり**

自己実現

・自分のレベルを上げたい
・新しいことを学びたい
・能力・スキルを向上させたい
・可能性を広げたい
・影響力・優越感を得たい

つながり

・愛したい、愛されたい
・つながり、一体感を感じたい
・共感したい、共感されたい
・コミュニティや組織に所属したい
・他者への貢献心

め、確実感を得る傾向がみられます。

「自己実現ニーズ」と**「つながりニーズ」**も同様に、対立するニーズになります。1人の中にどちらも存在していますが、片方を強く持つ傾向があります。

「自己実現ニーズ」を強く持つ人は、自分を向上させること・価値を高めることを求め、自分のメリットに対して敏感です。

「つながりニーズ」を強く持つ人は、自分よりも他者を中心に考える傾向が強く、他者とのかかわりや他者へ貢献する中でニーズが満たされます。

4つのニーズを掛け合わせると、次ページの図のような4象限になります。

さて、あなたのタイプはどの象限でしょうか？

ぜひ、ご自身や身近な人で判別をしてみてください。

4象限各タイプの特徴

①変化・刺激×自己実現タイプ

このタイプの人は、常に新しい経験や挑戦を求め、自分の能力や価値を高めること

ニーズ4分類理論の4象限

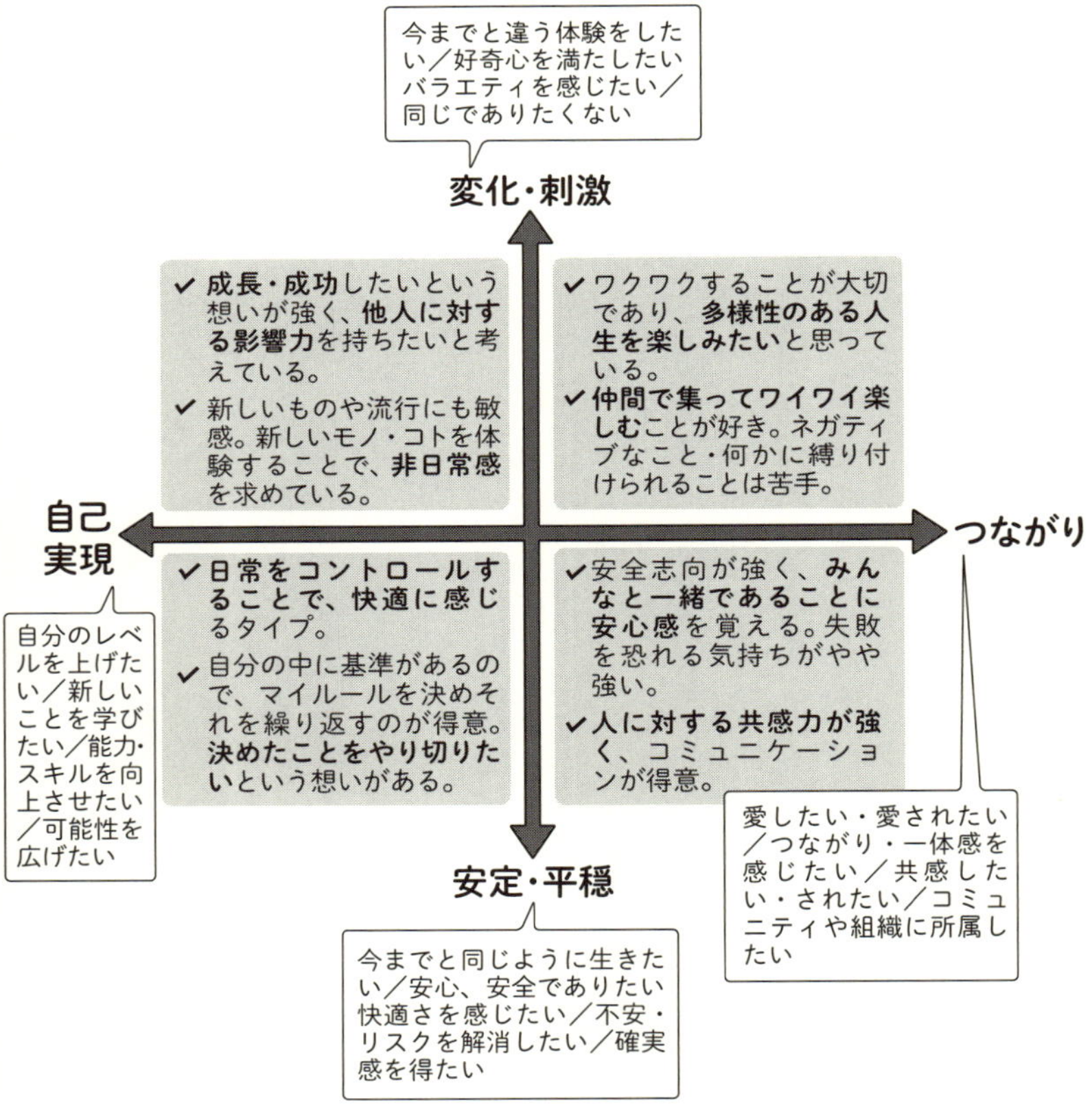
今までと違う体験をしたい／好奇心を満たしたいバラエティを感じたい／同じでありたくない
変化・刺激
✔成長・成功したいという想いが強く、他人に対する影響力を持ちたいと考えている。
✔新しいものや流行にも敏感。新しいモノ・コトを体験することで、非日常感を求めている。
✔ワクワクすることが大切であり、多様性のある人生を楽しみたいと思っている。
✔仲間で集ってワイワイ楽しむことが好き。ネガティブなこと・何かに縛り付けられることは苦手。
自己実現
つながり
✔日常をコントロールすることで、快適に感じるタイプ。
✔自分の中に基準があるので、マイルールを決めそれを繰り返すのが得意。決めたことをやり切りたいという想いがある。
✔安全志向が強く、みんなと一緒であることに安心感を覚える。失敗を恐れる気持ちがやや強い。
✔人に対する共感力が強く、コミュニケーションが得意。
自分のレベルを上げたい／新しいことを学びたい／能力・スキルを向上させたい／可能性を広げたい
愛したい・愛されたい／つながり・一体感を感じたい／共感したい・されたい／コミュニティや組織に所属したい
安定・平穏
今までと同じように生きたい／安心、安全でありたい快適さを感じたい／不安・リスクを解消したい／確実感を得たいに意欲的です。例えば、新しいプロジェクトに積極的に参加したり、キャリアアップを目指して常に自己研鑽《けんさん》を続けるような行動が見られます。新しいガジェットや最新のテクノロジー製品が発売されると、いち早く手に入れたいと思うタイプです。常に最先端の技術を体験し、自己成長を図っています。

②変化・刺激×つながりタイプ

このタイプの人は、ワクワクする新しい経験や刺激を求め、他者とのかかわりやコミュニケーションを大切にします。例えば、新体験ができるイベントに参加したり、チーム活動を通じて多くの人と交流を深めることに喜びを感じるでしょう。新しいレストランやカフェを友人と一緒に訪れるなど、他者と新しい体験を共有することに価値を見いだします。

③安定・平穏×自己実現タイプ

このタイプの人は、安定した日常生活の中で自分の能力を最大限に発揮し、自己実現を追求します。日常を快適に過ごすこと、生活をコントロールできる確実さを求めています。例えば、安定した企業でのキャリアアップや、計画的なスキルアップを目指して努力する姿が見られます。自分に合った同じブランドを長年愛用し、品質を信頼し安心感を得ることに価値を見いだします。

④安定・平穏×つながりタイプ

このタイプの人は、安定した環境で他者とのつながりを重視し、安心感を得ることを求めます。共感性が高く、他者に意識が向いています。例えば、家族や友人との穏やかな時間を大切にし、誰かのために自分の力を使うことに意欲を示します。家族のために健康に良い商品を買う、誰かを応援するためにお金を使うなどが該当します。

これら4つのタイプは、消費者の根本的なニーズを理解するための有効な手がかりとなります。実際のインタビューや調査の際には、このフレームワークを活用することで、消費者の発言をより深く理解し、適切なアプローチを取ることができるでしょう。

ちなみに、どのタイプかを判別する方法ですが、先ほどの項目で解説した上位概念を確認する聞き方で取得することができます。

「普段最もお金を使っているモノ・コト」「特に好きなもの」について、上位概念を抽出することで、4象限のどのタイプに該当するかを判別することができます。例えば、私が特にお金をかけているモノだと、「美容」「勉強」「飲み代」「投資」等が挙がるのですが、それらのBEニーズを聞くというようなイメージです。

1つのテーマだと判別が難しい可能性があるので、異なるテーマでいくつか聞くことで正確に特定することができます。

インタビューの冒頭でプロフィールを聞くケースが多いと思いますが、そこで少し時間をとって深掘りすると、自社の顧客の価値観や人物像がクリアになります。

重要なのは、**各タイプが持つニーズを尊重し、それぞれの消費者に合った価値提案を行なう**ことです。

これにより、より満足度の高い商品やサービスの提供が可能となり、消費者との長期的な信頼関係を築くことができることでしょう。

4分類理論でニーズを整理する

ニーズを網羅的に収集したあとは、BEニーズもしくはDOニーズの種類別に集約していきます。

わかりやすく表現するためには、どういう見せ方がいいのかなといつも悩むところです。種類別のニーズリストにしたり、4象限でマッピングすることが多いのですが、その際に役に立つのが、4分類理論でのニーズの整理です。

具体的には、**「変化・刺激」「安定・平穏」「自己実現」「つながり」**。

これら4つのニーズに分類し、マッピングしていきます。

軸名は、分析するテーマに合わせてふさわしい名称にカスタマイズしてOKです。該当者が多いニーズについては、円を大きくつくることでニーズのボリュームが可視化されわかりやすくなります。

4分類理論のニーズ整理マップ

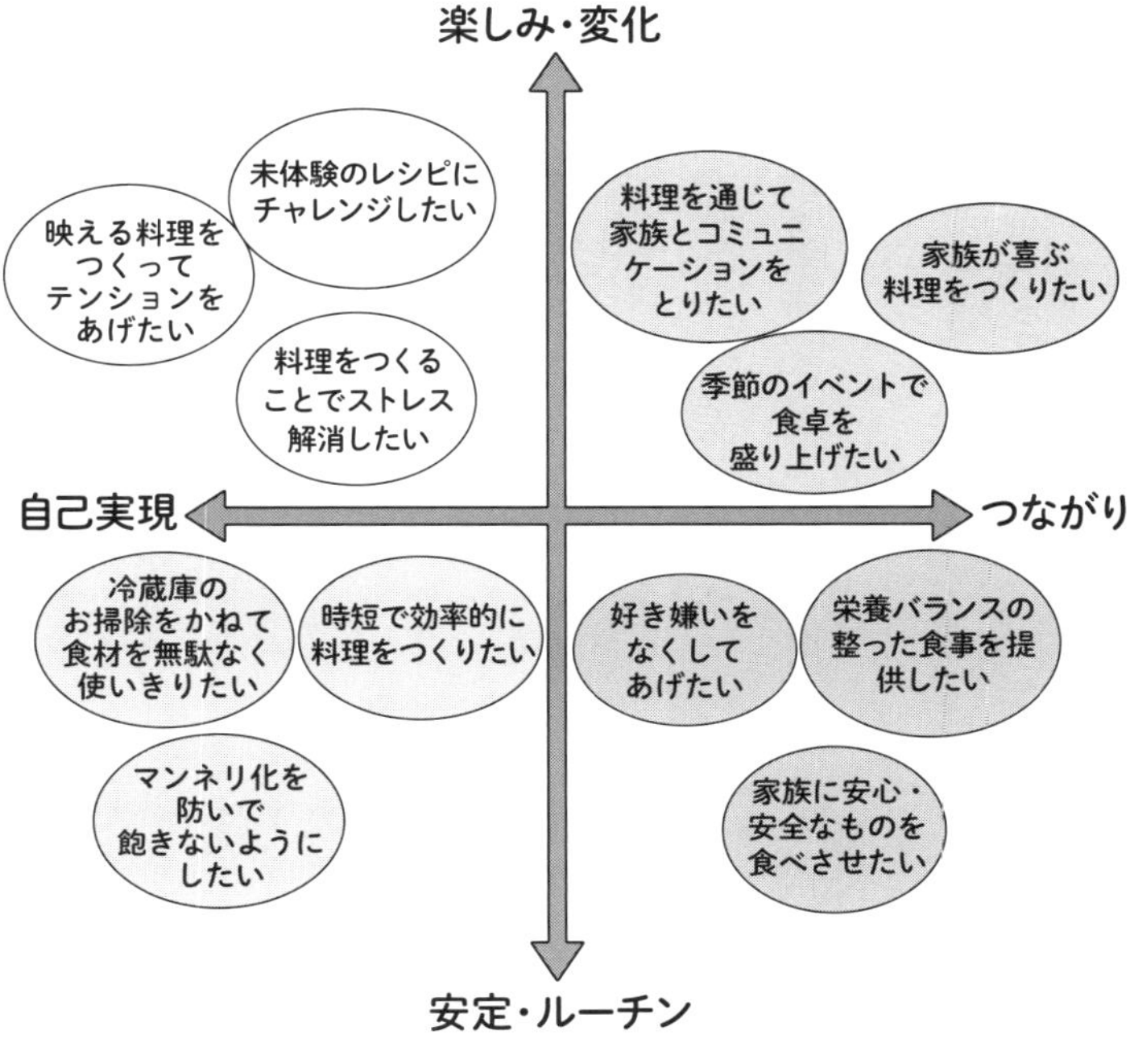

【事例】ニーズを４分類理論で整理して、レシピ企画・コンテンツ作成に役立てる

実際の事例で見ていきましょう。

とあるレシピサイトを運営している会社から、「食事で意識していること」をテーマに、ニーズを幅広く網羅し、レシピの企画やコンテンツ作成に活かしたいというご依頼をいただきました。

「食まわりで意識していること・大切にしていること」について、複数挙げてもらい、HAVE・DO・BEニーズを抽出していきました。

出てきたニーズを４分類理論で分析すると、「自己実現・変化や楽しみのための料理」「家族とのつながり・楽しみのための料理」「自己実現・生活の安定のための料理」「家族への貢献・安定・安心のための料理」等に分類することができました。網羅的かつわかりやすいアウトプットになりました。

お客様からは、「今まで捉えきれていなかったニーズを把握することができた。B

Eニーズごとに整理することで、今までの情報に偏りがあったことがわかった。消費者の生活をささえるメディアとして、今後は偏りなくさまざまなニーズに応える情報発信ができると感じた」というお声をいただきました。

このように網羅性のあるニーズを抽出したあとは、4分類理論で整理することで、

◎どのようなニーズが存在するのか
◎自社の商品はどのニーズを満たせているか
◎もし満たせていないとしたら、どのような打ち手を行なうべきか

がわかり、今後の指針につなげることができます。

ニーズ4分類理論でセグメンテーションを行なう

皆さんは、普段どのような軸で顧客のセグメンテーションをしていますか?

セグメンテーションとは、市場を異なる特性やニーズを持つ複数のグループ（セグメント）に分けるプロセスです。**セグメントを明確にすることで、具体的なマーケティング戦略を立案し、効果的にアプローチする**ことができます。

セグメンテーションの軸には、

◎デモグラフィック（年代・性別・子どもの有無等）
◎サイコグラフィック（価値観、ライフスタイル、ニーズ等）
◎行動基準（第2章で紹介した「顧客セグメント」等）

があります。

顧客セグメントやデモグラフィックを使っている人が多いと思いますが、ニーズ4分類理論でもセグメンテーション、ターゲティングを行ない、**商品アイデアやコミュニケーションアイデアのヒント**を得ることが可能です。

【事例】エンタメやゲームに求めていることを探る

実際の事例を見ていきます。

エンタメ・ゲームコンテンツを制作している会社から、「エンタメやゲームに求めていること」をテーマに、ニーズを幅広く網羅し、新事業のアイデアを考えるヒントを得たいというご依頼をいただきました。

「あなたのゲームが好きな理由」について、複数挙げてもらい、HAVE・DO・BEニーズを抽出していきました。

出てきたニーズを基に4分類理論で分析すると、次ページの図のようなタイプにセグメンテーションすることができました。

「ゲームに非日常・刺激を感じ、ハラハラドキドキしながらストレス解消を求める人」

「クリエイティブな創造性と没頭や集中を通じてニュートラルな自分であることを求める人」

ニーズ４分類理論でセグメンテーション

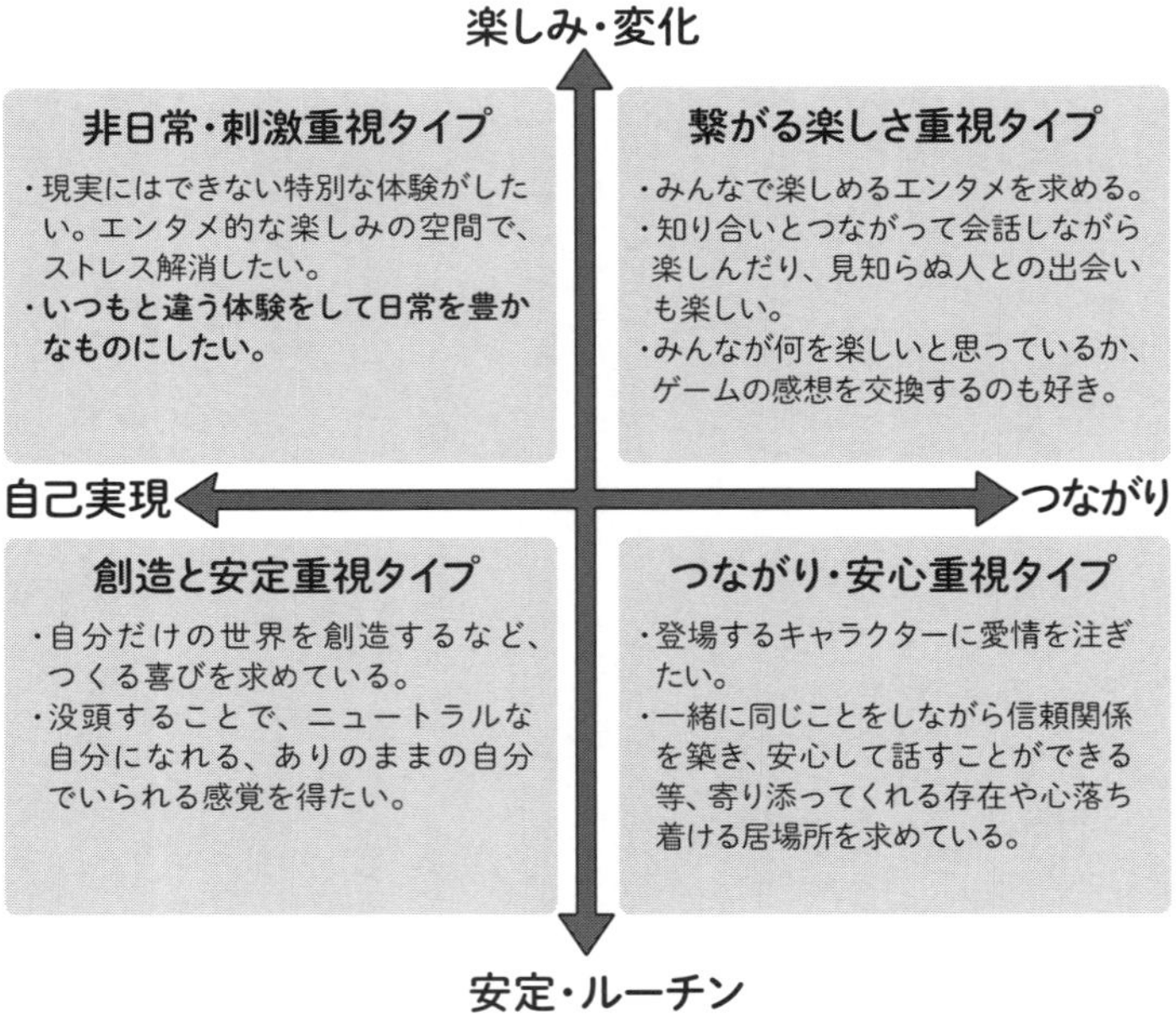

楽しみ・変化
非日常・刺激重視タイプ
・現実にはできない特別な体験がしたい。エンタメ的な楽しみの空間で、ストレス解消したい。
・いつもと違う体験をして日常を豊かなものにしたい。
繋がる楽しさ重視タイプ
・みんなで楽しめるエンタメを求める。
・知り合いとつながって会話しながら楽しんだり、見知らぬ人との出会いも楽しい。
・みんなが何を楽しいと思っているか、ゲームの感想を交換するのも好き。
自己実現
つながり
創造と安定重視タイプ
・自分だけの世界を創造するなど、つくる喜びを求めている。
・没頭することで、ニュートラルな自分になれる、ありのままの自分でいられる感覚を得たい。
つながり・安心重視タイプ
・登場するキャラクターに愛情を注ぎたい。
・一緒に同じことをしながら信頼関係を築き、安心して話すことができる等、寄り添ってくれる存在や心落ち着ける居場所を求めている。
安定・ルーチン

「みんなとつながってワイワイと盛り上がって楽しみたい人」
「登場するキャラクターに愛情を注いだり、人と深くつながって居場所をつくりたい人」

以上の4つに分類することができました。人によって求めるゲームの方向性が異なり、非常に興味深い結果になりました。

お客様からは、「どんな人に向けて、どのようなコンテンツをつくればいいかが明確になり、新事業のアイデアを複数出すことができた。誰のニーズを満たすべきか、社内で意識統一をすることができたのも良かった。今回の新事業のコンセプト開発だけではなく、今後の商品開発の指針にすることもできるので、長く使っていきたい」というお声をいただきました。

今回の4分類があてはまらないカテゴリーもあるかもしれません。その場合は、BEニーズの中からあてはまるものを選ぶ形でもいいでしょう。

このように、ニーズをセグメンテーションすることで、顧客像が明確になり、商品アイデアやコミュニケーションアイデアのヒントを得ることが可能です。

原則3 ニーズ・ヴイジュアライズ

商品価値構造マップをつくれば、なぜ商品が売れているかが明らかになる

エンドベネフィットを、3段階で構造的に理解する

今まで消費者のニーズについて説明していきましたが、ここからは、商品・サービス側にフォーカスし、ベネフィットをテーマに説明していきたいと思います。

皆さんは、ニーズとベネフィットの違いはもうおわかりですね？

ベネフィットとは、「消費者が商品やサービスを利用することで得られるメリット・価値・感情」です。

ニーズとエンドベネフィットの関係性

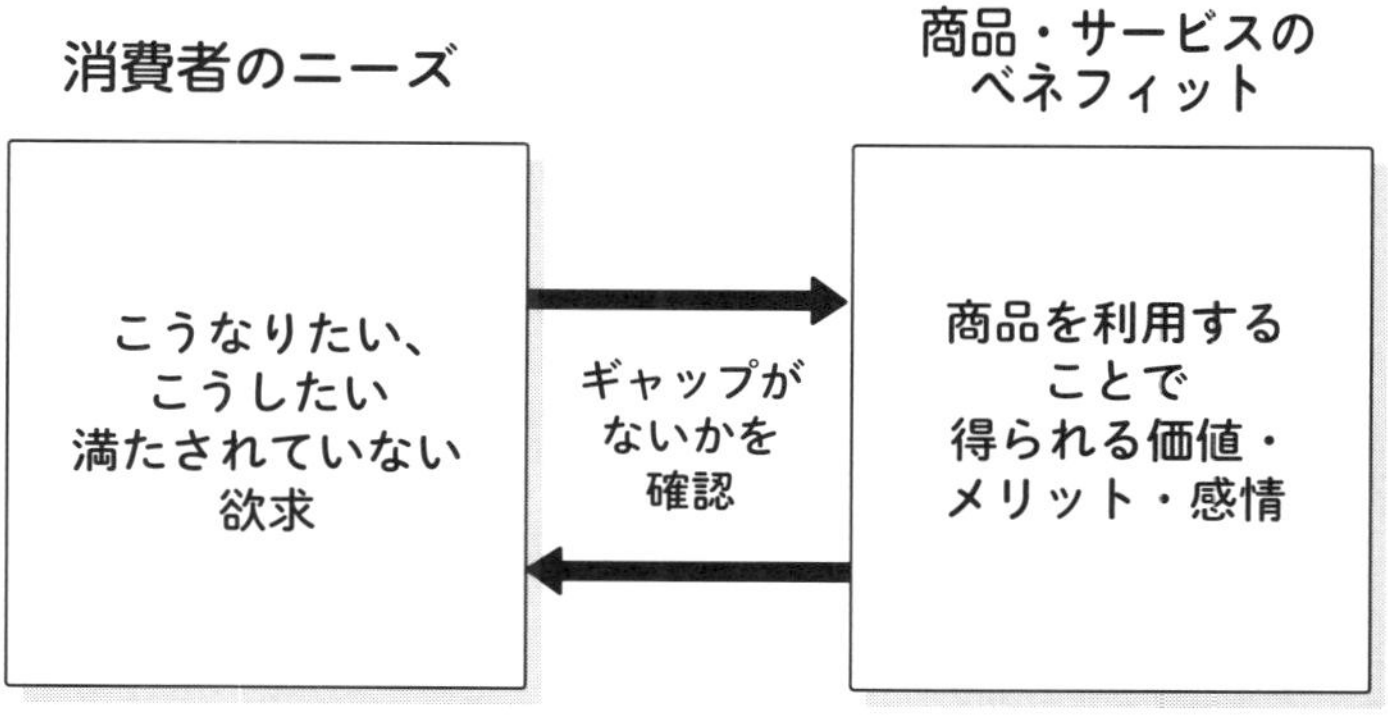

これだとまだ抽象的なので、もう少し分解して考えていきたいと思います。

ベネフィットには種類があり、ニーズと同様に**3段階**で説明することができます。**「機能的価値」「情緒的価値」「生活価値」**です。機能的価値・情緒的価値のさらに上の概念については、デービッド・アーカーが「自己実現価値」と説明していますが、本書ではもう少し包括的に説明したいので、生活価値と定義させていただきます。

①機能的価値

機能的価値とは、商品の機能や品質の良さを感じられ、消費者の問題を解決することができる価値を指します。

具体的には、有効性（効果感）、利便性（簡便性）、安全性、経済性などが求められ、使うことで、顧客にとってこれは自分にとって必要なモノだと認識されることが重要です。

ただし、機能価値は知覚できるため、他の製品と比較がされやすく、より優っているほうが選ばれてしまう傾向があります。自社の商品にしかない独自性のある特徴や、圧倒的優位な差がなければ、機能的価値だけで顧客をつなぎとめておくのは至難の業

エンドベネフィットの3段階

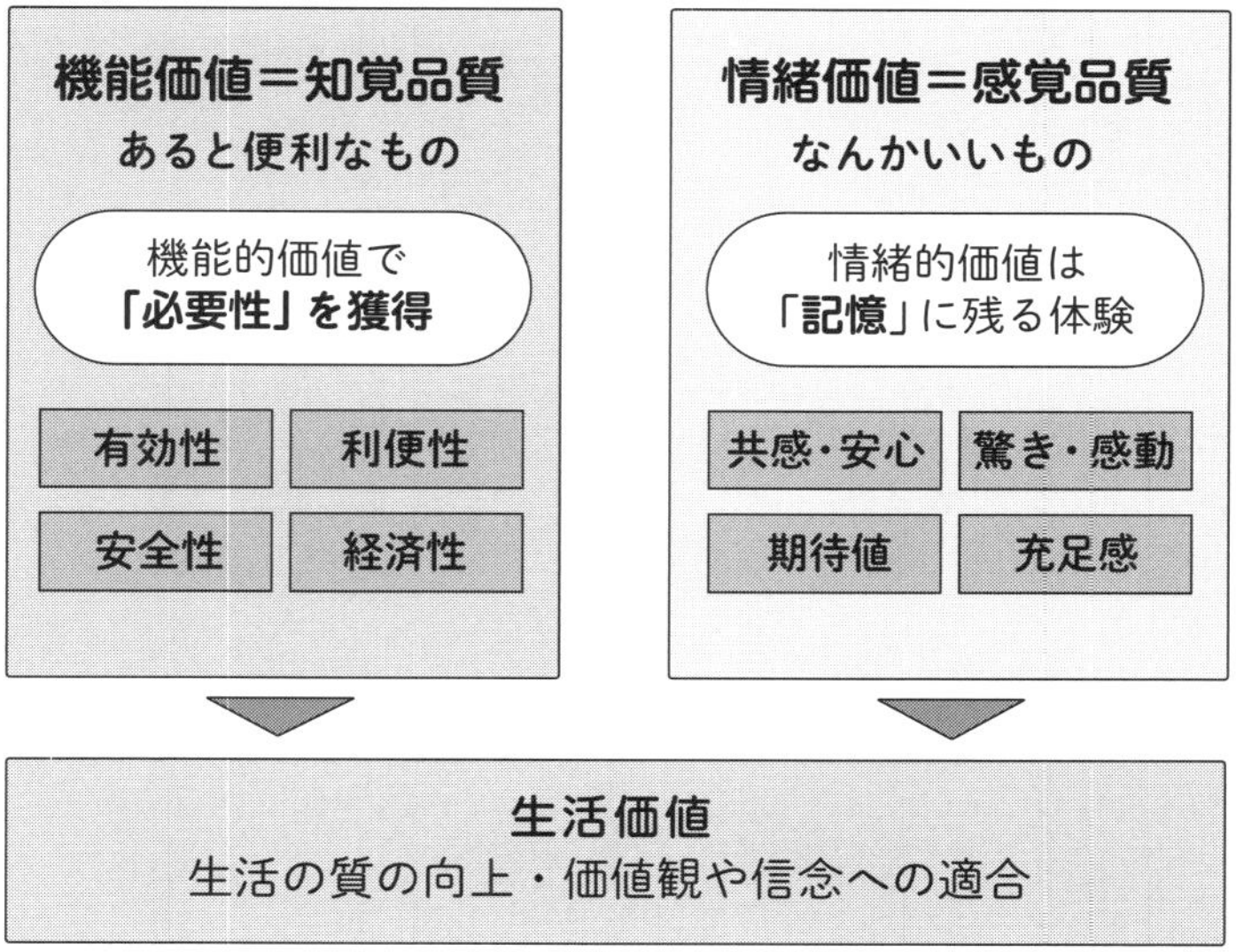

です。

②情緒的価値

情緒価値は、商品・サービスが消費者に与える感情的な満足感や喜びを指します。初めて商品を見たときの喜び、使ったときの驚き、使い続けての心地良さ、生活が変わった実感など、記憶に残る体験が情緒的価値をつくり上げます。

ここが非常に重要なポイントなのですが、**感情が動いたWOWな瞬間を捉える**ことこそが情緒価値の発見につながります。その結果、単なる機能を超えた深い満足感を得ることができます。

③生活価値

最も上位に位置するのが生活価値です。生活価値は、商品・サービスが消費者の生活全体に与える長期的な影響を指しています。

商品がどのようにして生活の質を向上させるか、また自己表現や自己実現、ライフスタイルや価値観、信念への貢献がそれを満たすポイントです。消費者が選ぶ商品・

サービスが、自分の価値観や信念を反映していると感じることで、その商品に対する愛着が深まります。

「記憶に残る体験価値」の威力

脳と心の仕組みからブランドについて考察したダリル・ウェーバーは著書の中で、「商品を目にしたとき、今いる環境、文字の色や背景、一緒に見た人、体験、すべてがかかわってそのブランドに対する印象をつくり上げる。潜在（無意識の）記憶は私たちの中にとどまり、気づかない微妙な形で影響を及ぼす。脳は過去の経験をもとに推測や予測をする。そこから解釈したものがブランドに抱く印象に影響を与える」と記しています。

つまり、**記憶に残る体験価値をどのように提供していくか？**
ここを考えることで、情緒的に満たすべき価値のヒントが見えてくることでしょう。

これらのように、エンドベネフィットの階層を理解することで、「あなたの商品・

サービスが顧客に提供しているものは何か？」を深く理解することができます。

消費者が商品やサービスを選択・使用する際には、表面的な機能はもちろんのこと、**無意識下では深層的な充足感**も感じています。マーケティング戦略を立案する際には、これらの価値階層を考慮し、消費者にとって真に重要なエンドベネフィットを提供することが成功の鍵となります。

さて、あなたの顧客が感じているメリットや価値とは何でしょうか？

エンドベネフィットを明確にするための「ラダリング法」

消費者が商品やサービスに感じるベネフィットの抽出方法である「ラダリング法」について解説します。

聞き方は、ニーズの上位概念の抽出方法（第3章参照）をベースとした応用編になります。

ラダリング法とは、消費者の価値観や動機を深く理解するためにデプスインタビュ

ーで行なう質問形式です。

ラダリング法で、生活者が持つ商品・サービスの評価構造を明らかにし、表層的な物性特徴や機能価値から、深層心理に踏み込んだ情緒的な価値までの「価値階層」を明らかにすることを目的としています。

つまり、**視覚的に階層構造として表現することができる便利な手法**です。

それでは具体的な方法について見ていきましょう。

聞きたいテーマ商品を1つ決めます。被験者にとって関与度の高くない商品は、上位価値が出にくい傾向がありますので、その場合はマーケターの類推で補完するようにしましょう。

①テーマ商品について、「どんなところを気に入っているか、好きな理由は何か」を聞く

なるべくたくさん出してほしいので、複数挙げてもらいます。言葉が出にくかったり、他の商品とほとんど変わらないようなありきたりの回答をする場合は、次の質問をしてみましょう。

「他にもいろんな商品があるなかで、『△△△（競合商品）』よりも気に入っている点はどんなところか」

このような質問を繰り返すことで、機能的価値が複数出てきます。

②「〇〇があることで、どんなメリットがあるか」を聞く

ここでも、まだ機能的価値が出ると思いますので、キーとなるポイントを捉えて、さらに上位概念を聞きます。

「それがあることで、どんな良さがあるか」

もう1段階上のことを聞けそうだったら、次の質問をします。

「あなたにとって、それはなぜ大切か」

「幸せになれるから」など、抽象的な回答になってしまったら、少し具体化します。

「何をしている感覚と似ているか」

「もう少し具体的に、どんな幸せな気持ちになれるのか」

上位価値が把握できたと思ったら、下位概念も聞いていきます。

③「〇〇が良いとのことだが、それは具体的に商品のどのようなところからそう感じるか」を聞く

機能価値・情緒価値が、商品属性のどこから感じられているのか、下位階層についても精緻《せいち》に確認していきます。物性、価格、パッケージ、売り場など、具体的な要素を抽出されると思います。時間の関係もありますので、ある程度類推ができるものについては確認しなくてもＯＫです。

【事例】「1本満足バーPROTEIN」をラダリング法で解析

それでは具体的を見ていきます。「１本満足バー PROTEIN」でインタビューした例をご覧ください。

①「1本満足バー PROTEIN」について、どんなところを気に入っていますか？

（複数挙げてもらう）

ラダリング法の概念図

情緒価値	**STEP 2：ラダーアップ** ・「○○○○」があることで、どのようなメリットがありますか？ ・「○○○○」があることで、どんな良さがありますか？ ・あなたにとって、それはなぜ大切ですか？ ・それは、何をしている感覚と似ていますか？
	↑ 上位概念へラダーアップ
機能価値	**STEP1：現状評価** ・「●●●」のどんなところが好きですか？ ・他にもいろんな商品がありますが、例えば「△△△(競合商品)」よりも気に入っている点はどんなところですか？
	↓ 下位概念へラダーダウン
商品属性	**STEP 3：ラダーダウン** ・「□□□」は、具体的に商品のどのようなところからそう感じますか？ ・「□□□」は、商品を使って、どのような感触からそう感じますか？

被験者：チョコレートなので甘いんですけど、わりと**甘さ控えめで食べやすい**（※）ところが好きです。

インタビュアー：他にもありますか？　いくつか挙げてみてください。

被験者：やっぱり**タンパク質が15gも入っている**（※）ところですね。短時間でサクッと手軽にタンパク質を摂取できてありがたいです。

インタビュアー：他にもプロテインが手軽に摂取できるものはあると思います。「森永のinプロテイン」もそうですし、他にも飲料やヨーグルトでもタンパク質が摂取できるものもありますよね。そういう商品よりも気に入っている点はどんなところですか？

被験者：**食感が大事なんですよ。ザクザク食べたい**（※）。へにゃってしたのは嫌だし、なんかいろいろ具材が入っているのも好きじゃないんです。シンプルなものって、そう言えばあまりないですね。あとは、タンパク質入りのヨーグルトはスプーンを出すのも面倒だし、お腹が膨れない。飲料は手軽ですがすぐに飽きました。余計な手間をかけずにストレスなく、**シンプルにサクッと食べたい**（※）んです。いろいろ買いましたけど、

「1本満足バー PROTEIN」がベストですね。まとめ買いして、10本以上ストックしています。

②「甘さ控えめで食べやすい」と、どんなメリットがありますか?

被験者：朝ごはん代わりに食べることが多いので、朝からくどい甘さって受け付けないんです。**いつでも気軽に食べられる、シーンを選ばない**というところがポイントです。あと**甘くないから飽きない**というところも好きです。

インタビュアー：「いつでも気軽に食べられる、シーンを選ばない」ことは、あなたにとってなぜ大切ですか?

被験者：なんか毎日忙しいので、とにかくなんでもかんでも時短と効率を意識しているかもしれません。せっかちなのかもしれないですね。少しでも効率的に、**日々の負荷を減らして、自分のやりたいことをしたい**んです。いつもそんなことばっかり考えています。

インタビュアー：「日々の負荷を減らして、やりたいこと」ってどんなことですか？

被験者：とにかく仕事に集中したいですね。生産性を上げて自分の目標を達成したいです。あとは子どもとの時間がとりにくいので、そういう時間も増やしたい。人生を充実させたいなあって思っています。

インタビュアー：「甘くないから飽きない」ことは、どんな良さがありますか？

被験者：飽きちゃうと、他にまた別の商品を探さないといけないじゃないですか。それはそれで面倒なんですよ。スイーツとかなら毎日違うのを食べたいって思いますけど、「1本満足バー PROTEIN」はそれとは目的が違って、ストレスなく**プロテインを摂取すること**だけが目的なので、同じものを飽きずに食べ続けられることがすごく大事です。

インタビュアー：「プロテインを摂取すること」は、あなたにとってなぜ大切ですか？

被験者：先ほどと同じですね。プロテインは脳を活性化させて、集中力を高めて、仕事の生産性を高めると思っています。免疫力の向上にもなりますので、風邪もひかずパフォーマンスを維持できます。生活に欠かせないインフラだと思っています。

(同じように、※部分の機能価値について上位概念を繰り返し聞いていきます。すべて聞けたら次にいきます)

③「いつでも気軽に食べられる、シーンを選ばない」点が良いとおっしゃっていましたが、具体的に商品のどのような部分が、気軽に食べられることを実現していると思いますか?

被験者:まず甘さが控えめなことですよね。あと簡単に開封できて、かじってもボロボロこぼれないところも好きです。たくさんストックしておけるところも買いに行く手間がなくていいですね。

インタビュアー:「同じものを飽きずに食べ続けられる」点については、商品のどの部分からそう感じますか?

被験者:やっぱり甘さが控えめな点と、あとは歯ごたえです。ザクザク・バリバリとして楽しい感じでいいですね。なんとなく、気分転換やストレス解消にもつながってる感じがします。ぐにゃっとした余計なものが入っていないので、気持ち良く食べられる感じが好きです。

いかがでしたか？

お気づきかと思いますが、**上位階層と下位階層のつながりをイメージしながら聞いていく**のがポイントになります。最終的には同じ生活価値につながることが多いので、**すでに出てきたところは割愛しながら、まだ見えてない部分を中心に聞いていく**のがポイントになります。

ラダリング法は、**表面的な機能価値から、その背後にある情緒価値・生活価値を明らかにする強力な手法**です。

この方法を活用することで、より深いインサイトを得ることができ、商品開発やマーケティング戦略に大いに役立てることができます。効果的なラダリングインタビューを実施するためには、インタビュアーにスキルと経験が必要になりますが、シンプルな聞き方ですので、何度か経験を積めばコツがつかめて、誰でもできるようになります。

「1本満足バーPROTEIN」をラダリング法で解析

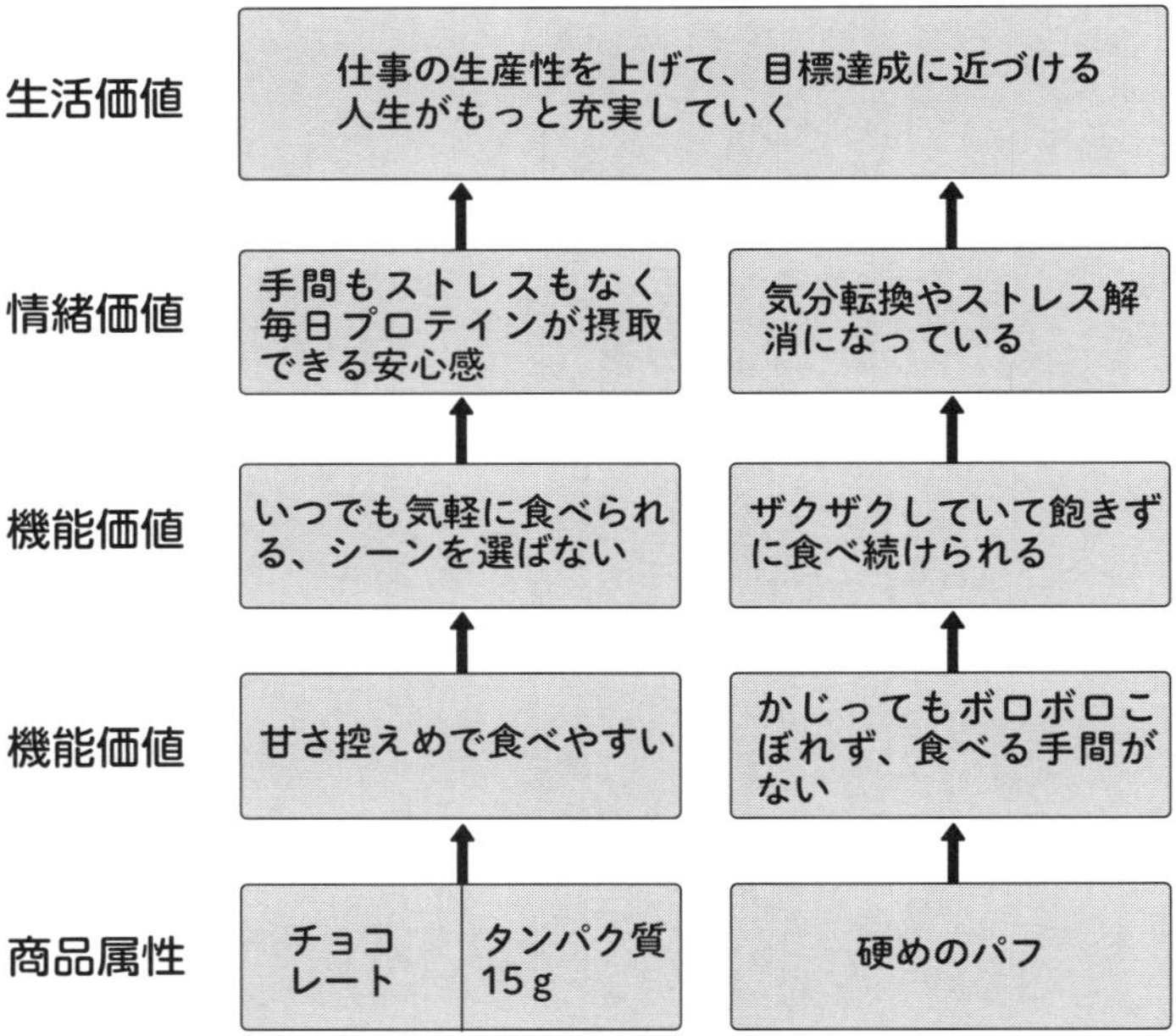

商品の価値を整理すると、自社のUSPが見えてくる

ラダリング法を使って出てきたベネフィットを整理していきましょう。

ラダリング法で挙がった価値を整理していくと、消費者がその商品やサービスを使用することによって、「どんな感情・メリットを得ているか」「どんな価値を享受しているか」「それはその商品のどのような機能・属性が満たしているか」を連動して理解することができます。

ぶつ切りで理解するのではなく、機能価値と情緒価値のつながりを意識して、アウトプットに落とし込むことが何よりも重要です。

まずは、どのようなアウトプットになるか、次ページの図をご覧ください。こちらは、「1本満足バー」のブランドでアウトプットした事例になります。

ラダリング法からのアウトプット事例

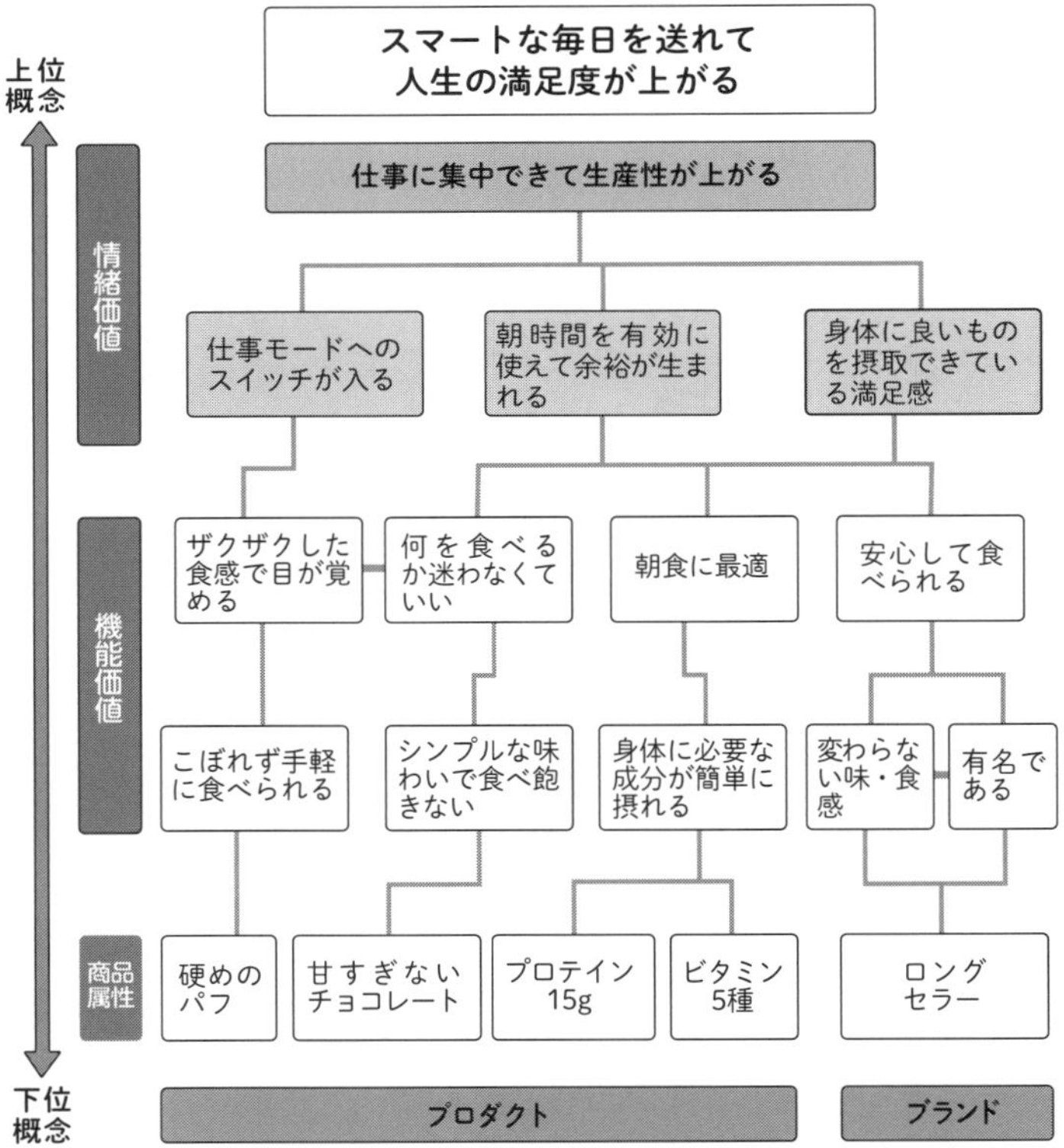

4つのステップで分析する

商品属性、機能価値、情緒価値がどのようにつながっているか、最上位にある生活価値では何を提供できているのかを分析していきます。

分析の手順としては、4ステップになります。

①ラダリング法で抽出した発言データから価値につながる要素を書き出す

「○○を××する」「○○が△△なので、××した」等、できるだけ詳しく文章で書く。特に、競合品にはない自社商品の強みについては色を付けるなどしてわかりやすくしておく。

商品属性は、インタビューで言及されていない内容もあるので、商品の具体的な特徴や機能をデータ化しておく。

②抽出した要素を「情緒価値」「機能価値」「商品属性」に振り分ける

機能価値には、商品属性がもたらす効果・結果、競合商品にはない魅力が記載されているか確認。情緒価値には、機能価値の結果、どのような感情やメリットにつながったのかが記載されているか確認。足りない場合はこの段階で足しておく。

③上下のつながりを考える

情緒・機能・属性のつながりを考える。下から順に考えると、つながりが考えやすくなる。商品のどのスペックが、どんな機能価値を生み、それをすることでどんな気持ちになるのかを考え配置する。ここでは再度インタビューの発言を読み返しながらつなげていく。

④最上位概念である「生活価値」を類推する

生活価値には、情緒価値を統合し、どのような生活・ライフスタイルが送れるのか、どのような自己実現ができるのかを記載する。消費者は生活価値まで発言できない場合も多いので、生活価値まで抽出できなかった場合は、情緒価値を統合しながら、マーケターのほうで推測する。

USPを特定するときのポイント

できあがった価値構造化マップは、自社商品のUSPを特定するための基盤となります。価値構造化マップを眺めながら、自社のUSPとは何かを考えていきます。

USPを特定する際に重要なことは、**「商品・サービスを通じて、どんな体験を提供できたのか」を考える**ことです。

ここでは、**「感情の動き」「生活の変化」「他にはない要素」**に注目します。

①感情の動き

まず「感情の動き」については、「驚きを与えた体験とは何だったのか」を特定することが大事です。消費者の中には、元々期待値が設定されていて、製品カテゴリーに対し、「これはこういうものだろう」という固定概念がなんとなく存在しています。

自社の商品を使ったときに、「期待値を超えたポイントがどこだったのか」を特定す

価値構造化マップ作成方法

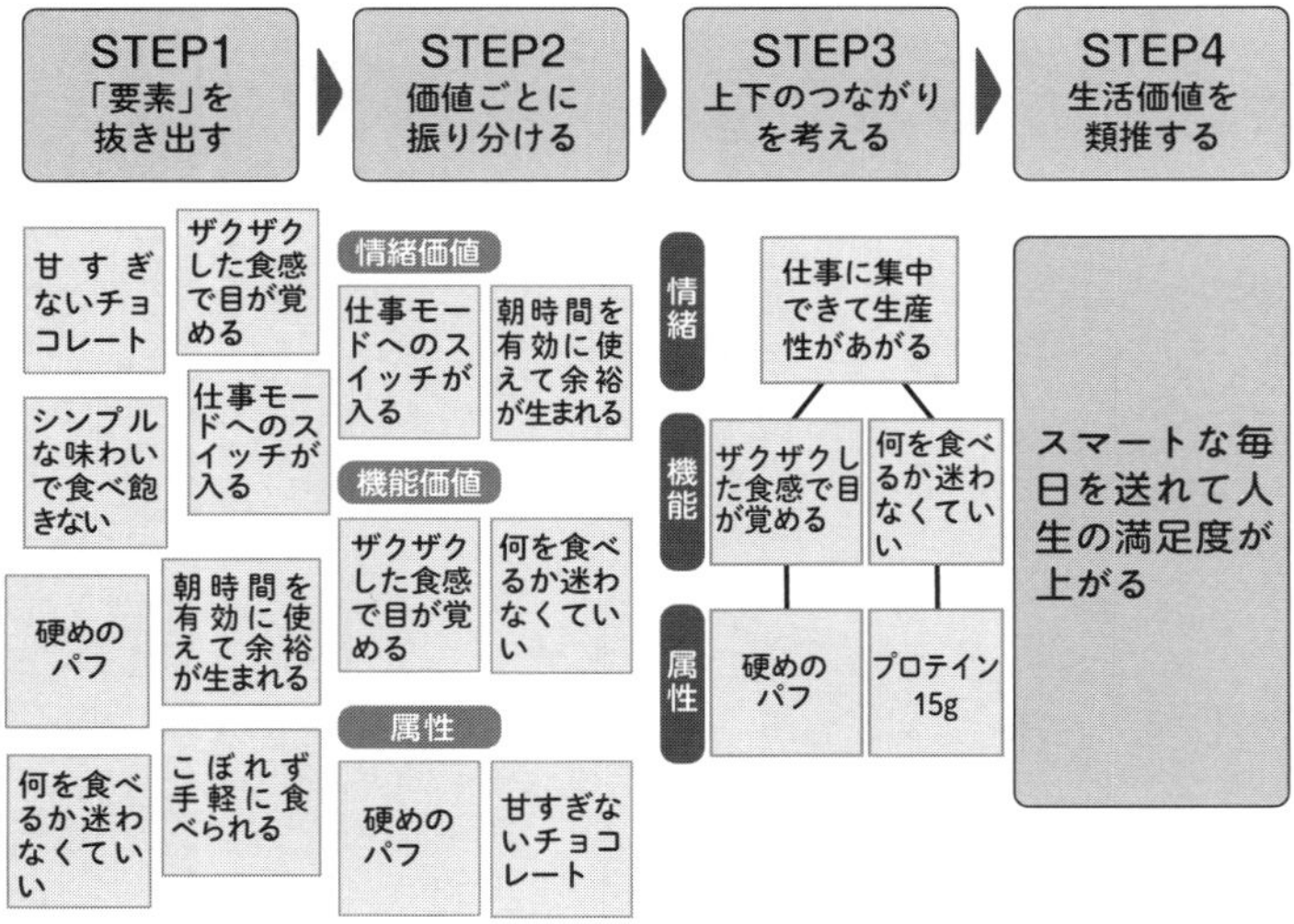

ると、それがＵＳＰになります。

事例のケースだと、「ザクザク感」でしょう。また、飽きずにストレスなくプロテインが摂取できた点もポイントが高いです。感情が動いたポイントは、商品と好きを結びつける記憶となって定着し、強力なＵＳＰになります。

②生活の変化

次に、「生活の変化」です。特に期待値を超える体験はなかったものについては、使い続けることで徐々になくてはならないものへと変化していく様子に注目します。この商品を使うことで生活が変わった、今までの悩みが解決された、ストレスから解放された、理想の自分に近づけたなど、生活がどう変化したのかという発言は、ＵＳＰになるポイントです。

③他にはない要素

最後は、「他にはない要素」です。いわゆる独自性という価値になります。「この商品しかない良さですね」という消費者の発言は、そのままＵＳＰに直結します。ザクザクした食感で、シンプルな素材で、甘さが控えめ、いくつかの要素を兼ね備えるのは「1本満足バー」しかないと言うように、この商品にしかない独自価値を特定しましょう。できれば1つの要素がそのまま独自価値につながるものが見つかるとベストです。

ラダリング法を使ってベネフィットを整理することで、消費者が求める価値構造が明確になり、競合他社と差別化された独自のUSPが見つかります。

USPの特定は、企業のマーケティング戦略の基盤となり、持続的な成長と成功を支える重要な要素となるでしょう。

原則4　ニーズ・フォーカス・コンセプトメイク

フォーカスしたニーズから、売れるコンセプトを考える翻訳メソッド

誰でも簡単にコンセプトをつくれる！「コンセプトメイキングフォーマット」を公開

消費者ニーズの分析が完了し、ニーズを整理できたら、次はいよいよ商品コンセプトの作成です。

ただ、商品コンセプトはつくるのが難しいと感じる人も多いのではないでしょうか。なかなかうまくつくれなかったり、良い表現が浮かばなかったりと、頭を悩ませることも多いと思います。

皆さんは、商品コンセプトをどのように作成していますか？

私は今までにマーケターの皆さんが作成されたコンセプトを何百個も見てきました。

体系化されたコンセプト作成フォーマットをベースにつくっている会社もあれば、個人で自由につくっている会社もあり、コンセプトの作成方法は本当にさまざまです。

私は新人の頃、いただいたコンセプトをそのまま被験者に提示して評価を取っていました。しかし、コンセプト評価の経験を積むうちに、**低く評価されるものと高く評価されるものの違いがわかる**ようになってきました。

そこで、**コンセプト作成にもルールがある**ことに気づき、体系化されたコンセプト作成ルールを作成し、お客様に共有するようになりました。このルールをベースにクライアントと一緒にコンセプトワークをする機会が増え、アイデアをブラッシュアップする経験を積んできました。

ここでは、**誰でも簡単にコンセプトをつくれる「コンセプトメイキングフォーマット」**をご紹介します。このフォーマットを使用すれば、商品コンセプト作成がより効率的に、そして効果的に行なえるようになるでしょう。良い商品コンセプトとは、見た瞬間に「買いたい！」「私のためのものだ」と思わせる訴求力の高い商品です。

コンセプトを考えるための必須3要素

まず、コンセプトの基本的な考え方を解説します。

商品コンセプトは、

「消費者の困り事」

「この商品を使うと困り事がどのように解決できるか」

「なぜそれが実現できるのか、その根拠（独自性のある機能）」

この3要素がバランス良く表現されていることが重要です。

分量が多すぎると読まない、少なすぎると抽象的で理解できないので、適度なバランス感が大事です。これらの要素が揃うことで、強力な商品コンセプトが生まれます。

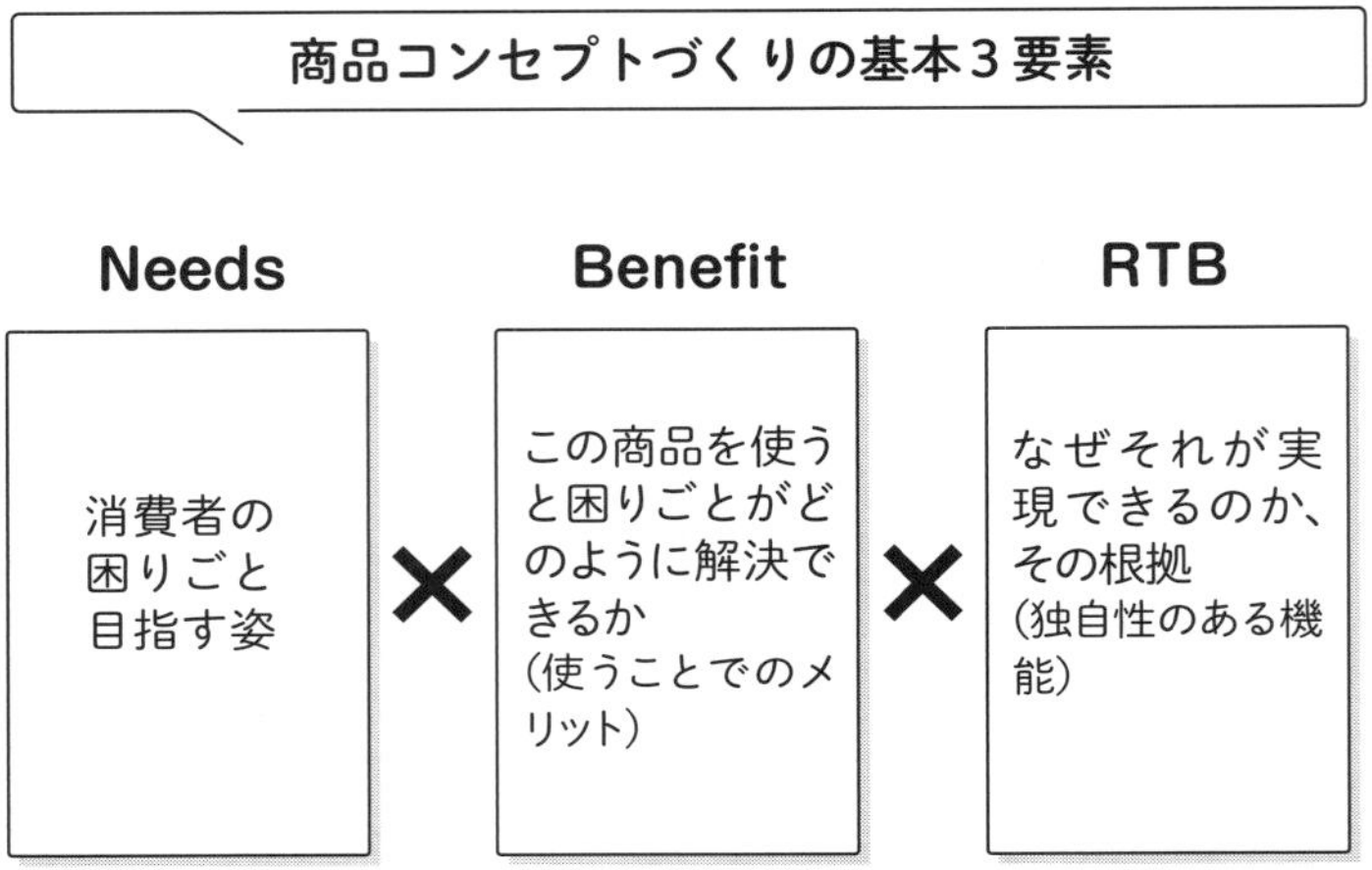

商品コンセプトづくりの基本3要素
Needs
Benefit
RTB
消費者の困りごと目指す姿
×
この商品を使うと困りごとがどのように解決できるか（使うことでのメリット）
×
なぜそれが実現できるのか、その根拠（独自性のある機能）

「消費者ニーズ」から「商品コンセプト」を作成する手順

消費者のニーズから新商品アイデアとなるコンセプトを作成する方法は、以下の手順で行ないます。

【手順1】ターゲットとニーズを絞り込む

インタビューを分析した結果を読み込み、ターゲットとニーズを絞り込みます。どんな人の、どんなニーズを満たす商品をつくるのかを検討していきます。候補は多いほうがいいので、**ニーズは複数ピックアップ**します。可能な限り、他に代替手段が見つかっていない**未充足なニーズを選ぶ**と良いでしょう。

【手順2】ニーズを特定したら、N=1に絞って洞察する

絞り込んだニーズを強く体現している被験者を1名ずつピックアップし、インタビュー動画を再度視聴します。ターゲットの生活背景を具体的に想像してみましょう。

例えば、彼らがどこで買い物をし、どんなことを考えて商品を選ぶのか、その人が使っている商品も実際に使ってみて同じ感想を思い浮かべ、腹落ちさせます。**完全にその人になりきって考え・行動を自分の頭にインストールする**ことが重要です。

これにより、ターゲットの視点が自分の中に生まれ、彼らの欲しいものが思い浮かぶようになります。これはコンセプトを考える上で非常に重要なフィールドワークになります。ぜひ、**ターゲットと同化をしてみてください**。ここまでが準備段階です。

【手順3】コンセプトフォーマットに落とし込む

頭の中にアイデアのリソースがたくさんある状態をつくれたら、いよいよコンセプトに落とし込んでいきましょう。

次ページの**図に示したフォーマットを使います**。まずは考えていることを網羅的にすべて記入しましょう。ここでは表現は気にしないでください。

コンセプトフォーマット記入のポイント

◎ネーミング

ひと言で言うと、この商品はどのようなものかを表現します。補足が必要な場合は、ネーミング＋補足説明という形で書いてもＯＫです。

◎ターゲット・ニーズ

どんな人がターゲットなのかを、**N＝1をイメージ**して書きます。どんなことに問題を抱えていて、何を解決したいのか、未充足ニーズを明確にします。

◎ベネフィット

この商品が、**ターゲットのどんな問題を解決するのか**を具体的に書きます。**この商**

コンセプトフォーマット

	説明	例
ネーミング補足	ひと言で言うと、この商品はどのようなものかを表現します。	**集中したい時に！ プロテイン ブーストバー**
ターゲット・ニーズ	どんな人がターゲットなのかを、N=1をイメージして書きます。どんなことに問題を抱えていて、何を解決したいのか、未充足ニーズを明確にします。	毎日忙しく働く30代の社会人男性。仕事中は社内会議や商談をしている時間が長く、自分の仕事があまり進まない。なかなかスイッチが入らなかったり、集中力が持続しないときが結構あるのが悩み。コーヒー以外に、何かちょうどいいものはないかなといつも考えている。
ベネフィット	この商品が、ターゲットのどんな問題を解決するのかを具体的に書きます。この商品を使うとどんなメリットがあるのかを明確にします。	プロテインブーストバーは、仕事や勉強の合間に、栄養を効率よく補給し頭脳のパフォーマンスをサポートします。たんぱく質が長時間のデスクワークでも集中力を維持し、カフェインですっきりとした気分を保つことができます。
RTB（属性）	ベネフィットを、この商品のどういう特徴・どういう機能が実現するのかを明確にします。	●長時間の集中作業に必要な成分（L-テアニンやカフェイン、ビタミンB群）を、科学的根拠に基づいて配合。 ●良質なたんぱく質と炭水化物が、仕事中のエネルギー不足を防ぐ。 ●ザクザク食感がストレス解消になる。 ●仕事中に食べやすいよう、6つに小分けされたひと口サイズ。
その他商品説明	商品の基本情報を記載します。評価には含めません。（価格、サイズ、使用方法等）	150円／エネルギー190kcal／たんぱく質18g／炭水化物11g

品を使うと、どんなメリットがあるのかを明確にします。

ここでの注意点は、**機能も含めて少しエンドベネフィットを表現**しましょう。エンドベネフィットだけの表現だと抽象的でわかりにくくなります。1つのコンセプトで伝えるベネフィットはなるべく1つにしましょう。あれこれ書くとよくわからなくなります。

◎RTB（Reason to Believe）

Reason to Believeとは、つまり**信ずるに足る理由、根拠のこと**です。**先に掲げたベネフィットを、この商品のどういう特徴・どういう機能が実現するのか**明確にします。RTBに載せる項目は、ただの機能だけではなく、ベネフィットも少し入れて書きましょう。

例えば、「カフェイン配合」と書くのではなく、「長時間の集中作業に必要な成分（カフェイン）配合」まで書きましょう。ここでいろいろ言いすぎてしまうと、どんな商品なのかがぼんやりとしてしまうので、RTBは2、3個までに抑えてください。

◎基本情報

評価には含めませんが、**商品の基本情報**を記載します。例えば、価格やサイズ、使用方法などです。

【手順４】コンセプトをブラッシュアップして表現をそぎ落とす

情報量が多い状態では、消費者は正確に評価することができません。情報をそぎ落として、伝えたい言葉のみに絞りましょう。特に、ネーミングとベネフィットについては、言葉を変換して魅力的な購買喚起ワードになるように書きましょう。購買喚起ワードについては次項目でご説明します。

【手順５】チェックリストを使ってブラッシュアップする

コンセプトが完成したら、薬事法に接触しないかの確認、同僚など周囲の人に見せて感想をもらい、さらにブラッシュアップしていきましょう。自身でもチェックしてほしいので、ＮＧなコンセプトにありがちな点を体系化したチェックリストをご用意しました。ぜひ使ってみてください。

ブラッシュアップしたコンセプトフォーマット例

ネーミング 補足説明	集中したい時に！ プロテインブーストバー
ターゲット・ ニーズ	集中力が持続しない・・・でも今日はやらなきゃいけない。
ベネフィット	そんなとき、プロテイン ブーストバーなら長時間集中力を維持し、すっきりとした気分を保つことができる。
RTB （属性）	その理由は２つ、 ・長時間の集中作業に必要な成分（L- テアニン、カフェイン、ビタミン B 群）を、科学的根拠に基づいて配合 ・良質なたんぱく質と炭水化物が、仕事中のエネルギー不足を防ぐ
その他 商品説明	150円 / エネルギー190kcal / たんぱく質 18g / 炭水化物 11g

☑見た瞬間、「なんかいい！」と思えるような文章になっているか（考えないとわからない言葉はNG）

☑カテゴリーニーズとズレていないか（極端な例で言うと、柔軟剤は衣類を柔らかくすることが求められているカテゴリーにもかかわらず、使うと硬くなるような印象を受ける言葉を使っていないか）

☑ベネフィットは、ターゲットのニーズを満たすものになっているか

☑ベネフィットの説明は魅力的か？　購買喚起ワードになっているか（ただの機能の説明はNG）

☑ベネフィットは1つに絞られているか（あれこれ書いているとわかりにくい）

☑RTBは、誰もが理解できる言葉を使っているか（認知が低い言葉を使う場合、具体的にイメージできる補足の説明があるか）

☑RTBは単に機能の説明だけではなく、「それを使うと、なぜいいのか」の理由まで書かれているか

☑RTBは2、3個に絞られているか（多すぎると理解されないのでNG、複数聞きたい

場合はコンセプトを分けてつくる）

☑ＲＴＢに独自性はあるか、他にない唯一無二の要素が入っているか、他社と何が違うのか差別化ポイントが言及されているか

これらのポイントに注意しながら、コンセプトメイキングフォーマットを活用すれば、簡単に魅力的な商品コンセプトを作成することができます。**今ある商品を、コンセプトを変えることでより良い商品に進化させることも大いに可能**です。

コンセプト作成は、経験を積めば積むほど良いものがつくれるようになります。また、1人ではなく**複数人のチームで作成することでアイデアが広がっていき、良いものがつくれる**ようになります。ぜひチーム内で、継続的に作成をしてみてください。

「購買喚起ワード」とは何か？

今までにない画期的な新機能、独自性・差別化できる機能さえあれば、コンセプト作成はニーズとベネフィットを組み合わせるだけなので、そこまで難しくありません。

しかし、そう簡単にいかないのが実情です。競合品との差別化を図る上で重要になるのは**「ベネフィット・RTBをどう表現するか」**に尽きます。特にベネフィットの訴求方法は本当に難しいですよね。

特に、インタビューで聞いた消費者の発言はただの情報なので、コンセプトワードに使えるような魅力的な言葉にはなっていません。だから、調査結果をそのまま使うわけにはいきません。**消費者の発言を魅力的なワードに変換する**のがマーケターの仕事です。

過去に作成された数百個のコンセプトについて被験者がどのように評価したのか、その傾向を振り返ってみると、「これは響くなあ」と思った言葉には共通点が見られます。

消費者の買いたい気持ちに直結するそれらの言葉を、「購買喚起ワード」と呼びます。

購買喚起ワードとは、直感的に「いい！」と感じられるワードです。見た瞬間に興味をそそられる言葉であることが重要で、少し考えないとわからないような言葉はNGです。考えなければわからない言葉は、ほとんどがスルーされてしまうので、注意が必要です。

ニーズを価値ある商品に変換する10の引き出し

購買喚起ワードにはいくつか種類があります。ここでは、主要な10種類を厳選してピックアップしました。具体的に見ていきましょう。

①オノマトペは心に響く言葉

オノマトペ（擬音語）は、消費者の感覚に直接訴えかけるため、瞬時に興味を惹き、印象に残る言葉になります。例えば、「サクサク」「ふわふわ」「もっちり」「しっとり」「ゴロゴロ」などの言葉は、具体的な感覚を思い起こさせ、商品の魅力を直感的に伝えます。

②メタファーで魅力を伝え、想像力をかき立てる

メタファーを用いることで、消費者の想像力をかき立て、強い印象を残します。例えば、「時間が止まるようなおいしさ」「天使の羽のように軽い」「まるでマシュマロのようなやわらかさ」「赤ちゃんのような肌に」など、日常の経験と結びつけることで商品への関心を高めることができます。

③簡便性・利便性の訴求

簡単で手軽に利用できることは、消費者にとって大きな魅力です。「ワンクリックで完了」「手間いらず」「瞬時にできる」などの表現は、忙しい現代人にとって大きな吸引力となります。ありきたりな表現にならないように、ちょっとした変化や工夫を入れることを忘れずに。

④生活の向上・快適性の訴求

生活の質が向上し、快適になることをアピールすることで、購買意欲を引き出します。「毎日が楽しくなる」「ストレスフリーな生活」「健康的な暮らしができる」「濃厚なリラックス体験」など、それを使うことでどのような生活が送れそうか、具体的な生活改善を訴求すると魅力が高まります。今までよりも良くなるという「ちょっとした進化」をどう表現するかが重要です。

⑤明確な効果・効能、使用後がイメージできる訴求

使用後の具体的なイメージを消費者に与えることで、購入意欲を喚起します。「使うたびに柔らかくなる肌」「毎朝スッキリと目覚められる」「マイナス5歳肌へ」など、具体的な効果を想像させる表現が有効です。使っている自分の状態がパッと目に浮かぶような言葉がベストです。可能だったら、効果が伝わるビジュアルも入れましょう。

⑥オーダーメイド・カスタマイズ訴求

自分に最適化されたカスタマイズの要素は、消費者に特別感を与えます。パーソナルカラーや骨格診断が定着しましたが、まさにそれです。「あなた専用にカスタマイズ」「あなたの肌に合った色が選べる」「あなただけの特別な一品」などの表現は、消費者に特別な価値を感じさせます。

⑦新技術・進化・変化訴求

最新の技術やテクノロジーを強調することで、革新性と信頼性をアピールでき、今までにはなかった体験ができそうだと感じられます。「最新ＡＩ技術搭載」「次世代テクノロジーを採用」「新食感」「今までにない質感」など、技術の先進性や今までとは違う変化を強調することで消費者の関心を惹きます。

⑧意外な要素が両立する訴求

「両立できない」という固定概念があったけれど、この商品なら両立できるという訴求は購買意欲を引き出します。「無添加なのに、しっかり効果がある」「濃厚なのに、さっぱりした後味」「超絶簡単なのに、ミシュランレベルのおいしさ」など、意外性と期待感を与える訴求は消費者の興味をそそります。ただし、「本当かな？」と疑問に思われてしまうこともあるため、「なぜそれが実現できるのか？」という明確なＲＴＢが重要になります。

⑨権威・実績訴求

権威や実績を強調することも効果的です。「〇〇世界大会受賞」「〇〇大学との実証研究」「ミシュランシェフ監修」など、権威や実績をアピールすることで信頼感を高めます。近年かなり普及した訴求手法ですが、まだまだ強いワードですね。誰の権威を使うのか、人物の知名度や影響力も大事になってきます。

⑩感情にフォーカス訴求

消費者の感情に直接訴えかける表現も有効です。「すっきりさっぱり」「心からのリフレッシュ」「心地いい満足感」「懐かしい昔ながらのあの味わい」「家族とのつながりや家族への想い」など、感情を揺さぶる言葉は、消費者の心に響きやすいものです。ただ、過去の追体験や感情をかき立てるアプローチについては、コンセプト（文字だけの段階）では一部のイメージできる消費者にしか刺さらないことが多々あります。イメージや動画でないと想像させることが難しく、評価が低くなることも多いので注意が必要です。

購買喚起ワードを見つけることは、ニーズ・ファインディングの一環です。消費者の心に響くベネフィットを見つけ出し、効果的に訴求することで、商品の魅力を最大限に引き出しましょう。

2つの思考タイプを意識して売れるコンセプトをつくろう

商品コンセプトを考える際には、消費者の心理を理解し、その心理に基づいてアプローチすることが重要です。

動機付け心理学の理論には、**「目的達成型」**と**「リスク回避型」**という2つの思考タイプが存在します。特にニーズの追求や購買意思決定のプロセスにおける個人の行動や態度に関連しており、「目的達成型」と「リスク回避型」のどちらのタイプに属するかで動機付けの働きかけが異なります。

この理論は、ニーズの4象限理論である「変化・刺激」⇕「安定・平穏」と深い関連があります。

「目的達成型」の消費者へのアプローチ

「目的達成型」の消費者は、**成長や達成、新しい経験に興味**を持ちます。彼らは、目標達成や自分自身の向上に強い動機を持っています。このタイプの消費者を引きつけるためには、次の要素を含む商品コンセプトが効果的です。

①ポジティブな変化・理想の追求

製品が消費者の生活にどのようにポジティブな変化をもたらすかを示します。例えば、「このフィットネスプログラムは、あなたの美と活力を向上させます」といったメッセージです。以前「マイナス5歳肌」という訴求を売りにしたファンデーションがあったのですが、まさにこれです。消費者が具体的な成果をイメージしやすくなり、購入意欲を高めます。

②新しい経験

商品・サービスが提供する新しい経験や冒険を強調します。例えば、「この旅行ツアーは、未踏の地を探検し、忘れられない思い出をつくります」といったアプローチです。新しい体験を求める消費者にとって、このような訴求は非常に魅力的です。

③成長と達成

商品がどのように消費者の成長や達成をサポートするかを強調します。例えば、「このコースは、あなたのキャリアを次のレベルに引き上げます」といったメッセージです。成長志向の消費者にとって、自己改善やキャリアアップの機会は大きな動機となります。

「リスク回避型」の消費者へのアプローチ

「リスク回避型」の消費者は、**リスクを避け、安全で確実な選択**を好みます。彼らにとって重要なのは、損失を避けることや、現在の状態を維持することです。このタイプの消費者を惹きつけるためには、次の要素を含む商品コンセプトが効果的です。

①リスク回避

失敗や損失を避けることを重視します。商品・サービスを使うことで、どのようにリスクを避けられるかを示します。例えば、「この保険は、予期せぬ事態からあなたの生活を守ります」といったメッセージです。具体的なリスク回避のメリットを伝えることで、安心感を提供します。家の中には有害な菌があるとリスクを提示して「除菌ファブリーズ」を販売した訴求が該当します。

②問題解決

商品が消費者の懸念や問題をどのように解決するかを示します。例えば、「このスキンケア製品は、肌トラブルを予防し、健康な肌を維持します」といったアプローチです。問題解決型の訴求は、消費者の直面する具体的な悩みをターゲットにすることで効果を発揮します。

③安全性と信頼性

商品がどれだけ安全で、信頼できるかを強調します。例えば、「この新しい車は、最高の安全性能を備え、あなたと家族を守ります」といったメッセージです。安全性や信頼性をアピールすることで、消費者の不安を取り除きます。

多くの消費者は、強弱はありますが、目的達成型とリスク回避型の両方の要素を持ち合わせているため、商品コンセプトにはこれらの要素をバランス良く取り入れることが重要です。

例えば、新しいテクノロジー製品を販売する場合、その製品がもたらす新たな可能性や利便性をメインに立たせつつ、安全性や信頼性をＲＴＢで補強するなどが考えられます。

一度に目的達成型とリスク回避型に向けた２つの訴求を入れてしまうとブレる可能性がありますので、**１つの製品で2方向の訴求を考える**のがよろしいかと思います。

消費者の思考タイプを理解し、コンセプトの方向性を考えることでさまざまな切り口が見つかるヒントになります。ぜひ参考にしてみてください。

原則5　販売期待値シミュレート

コンセプトの商品購買確度を調べて、方向性を考える

作成したコンセプトを評価する「コンセプト・スクリーニングテスト」

コンセプトを作成した後は、その成功の可能性を最大化するために、**販売期待値をシミュレート**することが重要です。これは、ターゲットとなる消費者にコンセプトを評価してもらい、本当にこのコンセプトで進めるべきかどうかを判断するために必要なプロセスとなります。

また、**評価結果を基に改善点を見つけ、成功の確率を高めるための示唆を得る**こと

が目的です。

コンセプト評価は、以下の視点で設計・分析を行ないます。

①受容性の検証

まず、そのコンセプトが消費者に受け入れられるかどうかをいくつかの評価軸をもって測定します。

具体的には、**初回購入の可能性や、新規性、独自性**などが該当します。このステップでは、消費者が最初に商品を見たときのリアクション、商品を試してみたいと思っているかどうかが一番の重要なポイントとなります。

②USPの特定

次に、そのコンセプトのどの要素が魅力的に感じられるのか、USPを特定します。

この評価は、**消費者がなぜその商品を使いたいと思うのか、他の商品との差別化ポイントがどこになりそうかを見つける**ことが目的になります。

③ターゲットの把握

どんな人が評価をしてくれるか、狙うべきターゲットは誰かを絞り込みます。市場のすべての人に売れる商品をつくるのは難しいため、**どのような属性の人がその商品を評価するのか、そしてなぜ評価するのかを特定**します。これにより、マーケティング戦略の焦点を明確にすることができます。

④市場規模推計

最後に、そのコンセプトがどれくらいの人に受け入れられるか、潜在顧客がどのくらいいるかを推計します。これは、**市場規模を把握し、投資対効果を見極める**ために欠かせないステップです。

商品の成功確率を高める「コンセプト・スクリーニングテスト」の実施方法

はじめに、**定性調査**でコンセプトの改良点を洗い出し、ブラッシュアップを行ないます。定性調査では、消費者の生活実態を把握し、コンセプトの精緻な評価を行なうために**デプスインタビューにて実施する**のがお勧めです。

なお、グループインタビュー（グルイン）は一度に数名に話が聞けてコスパが良いので多用されがちですが、バイアスがかかってしまい正確な評価がとりにくいことが懸念されます。グルインで実施する場合は、3名程度の少なめの人数で行ないましょう。

定性調査を実施して**コンセプトを3案程度まで絞り込み、ブラッシュアップ**できたら、**定量調査**で量的な検証を行ないます。

これにより、**選定したコンセプトが実際にどれくらいの支持を得られるかを数値的に確認**することができます。予算やスケジュールに余裕がない場合は、定量調査から実施するケースもありますので、それでも問題ありません。

コンセプト・スクリーニングテストは、**商品の成功確率を高めるための重要なプロセス**です。消費者の声を反映し、適切なターゲットを見極めることで、より効果的な商品開発とマーケティング戦略を立てることが可能になります。

定性調査でコンセプトをブラッシュアップする

定性調査でコンセプト評価を行ない、より良いコンセプトへとブラッシュアップする具体的な方法について詳しく解説します。

インタビューで聴取する内容および分析視点は、以下のようになります。

①第一印象

まず、商品の第一印象について確認します。

「こちらの説明文を見ていかがですか？　思ったこと・感じたこと、どんなことでも構いませんので自由にお話しください」

と言ってバイアスをかけないように聞きます。ここではまだ言葉の深掘りはしません。商品を見た瞬間にどのような商品だと認識したか、どのようなイメージを持ったのかについてプレーンな印象を吸い上げ、分析します。

定性調査インタビューフロー聴取項目

インタビューフロー聴取項目

1. 第一印象

商品についての最初の認識を確認

2. 使用意向と魅力ワードの把握

使用意向と理由を確認

使用意向に直結するキーワードを特定（USP 候補）

その言葉から持った印象や得られるメリットを確認

3. 新規性・独自性の評価

商品に目新しさを感じるか、具体的な箇所を確認

ユニークだと感じる箇所を特定、競合商品と何が違うかを確認

4. 使用シーン・使い方の把握

商品の使用方法や競合との使い分けを確認

5. 疑問点・改善点の把握

商品に関する疑問点、わかりにくい点、改善点を確認

6. 特定の言葉について確認

未出の質問や確認したいことがあれば尋ねる

7. 想定価格と価格提示後の購入意向

商品の価格を予想

価格を提示し、購入意向を10点満点で評価

最初の使用意向との態度変容を確認

8. 相対評価

複数案がある場合、どれが一番良いかとその理由を確認

②使用意向と魅力ワードの把握

次に、使用意向について確認します。

「この商品を使ってみたいお気持ちについて、10点満点で点数をつけてみてくださ い」

「その点数をつけた理由はどんなことですか？」

と聞きます。

ここで注目すべきは、**消費者が「使いたい」と感じる理由の特定**です。また、点数を下げた理由は何だったのかにも注目しましょう。

使用意向の全体感を捉えたら、もう一段階深掘りしましょう。

「使ってみたい気持ちに直結する言葉は何ですか？」

と聞いてください。**具体的にどの言葉が使用意向に影響するのかを特定**します。複数挙げていただいてOKですが、最も魅力に感じる言葉は特定しておきたいところです。この言葉は、商品のUSP候補となります。

重要なキーワードが見つかったら、さらにもう一歩踏み込みましょう。

「●●●という言葉はなぜ魅力的ですか？」

「●●●から、どのような良さをイメージしますか？」

「それがあることで、どのようなメリットがありますか？」

そうです、ここで言葉の上位概念（BEニーズ）を確認します。

③新規性・独自性の評価

商品に目新しさがあるかどうかを確認します。

「この商品は、全体的に目新しさを感じますか？」

そもそも新しさを感じているのか、それはなぜなのか、**まずは全体感を聴取**しましょう。

次に、**商品のユニークさを感じる具体的な箇所について特定**します。全体的にありきたりなコンセプトだと感じられていても、細かく見ればユニークさを感じる部分があるかもしれません。

「説明文をよくご覧になって、ユニークさ、この商品ならではの特長を感じる部分はありますか？」

「他の商品と比較して、なぜその部分がユニークだと感じますか？」

これにより、商品が差別化できるポイントを明らかにすることができます。

④使用シーン・使い方の把握

消費者がこの商品をどのように使いそうか、競合商品との使い分けをどう考えているかを聞くことも重要です。

「あなただったら、この商品はどのように使うと思いますか？」

「●●もお使いだと思いますが、それとこの商品をどのように使い分けると思いますか？」

と聞きます。

これにより、**商品の使用シーンや生活にどう入り込めそうかを把握する**ことができます。

⑤疑問点・改善点の把握

商品に対して感じる違和感、わかりにくい点、改善するべき点を確認します。話ができそうな人であれば、**「どのように改善してほしいか？」**も聞いて参考にするといいでしょう。

⑥特定の言葉について確認

せっかく頑張って考えた言葉が全く触れられていなかった……ということもよくあります。そんなときのために、**必ず確認する言葉をインタビューフローにあらかじめ組み込んでおきましょう。**

「●●●という言葉は特に言及がなかったのですが、どのような印象を持ちましたか?」

と聞いてください。それがポジティブなのか、ネガティブなのか、なぜそこまで魅力的に感じられていないのかをチェックします。

⑦想定価格と価格提示後の購入意向

価格評価については、まず想定価格を聞きます。

「商品説明文を見て、どの程度の価格を想定しましたか?」

「なぜその価格をイメージされましたか?」

具体的な価格（税込）を提示したあと、**「この商品を買ってみたいか」を10点満点で評価してもらい、その理由を確認**します。

ここでは、初めに聞いた使用意向からどのくらい態度が変化したかを確認し、価格設定が消費者の購入意向にどの程度影響を与えるかを把握します。

⑧相対評価

複数コンセプト案がある場合、それぞれについて①〜⑦までの同様の質問を繰り返します。

最終的にどのコンセプトが一番購入したいと思うか、その理由を聞きます。この相対評価により、最も評価の高いコンセプトを選定することができます。

今回は説明を割愛しましたが、コンセプト評価に入る前に、プロフィール、カテゴリー使用状況、気に入っている商品の理由、購入重視点などは事前に押さえるようにしておきましょう。

価格評価を提示するタイミング

お客様からよくいただく質問に、「価格も評価したいのだけど、いつ提示するべきか」というものがあります。

初めに提示してしまうと、コンセプト文章の評価と価格の話が混ざってしまって正確な聴取ができないので、**価格はすべて話を聞いたあとに聴取する**ようにしましょう。価格が明確になっていないときに購入意向を聞いているケースを散見しますが、それはNGです。値段がわからないと、買うかどうか判断ができません。価格を提示する前の評価については、使用意向として聞くようにしましょう。

定性調査を通じて得られる消費者の声は、商品コンセプトのブラッシュアップに不可欠です。定性調査を効果的に活用し、消費者が持つ言葉の印象を深く理解することで、商品の成功確率を高めることができます。

定性調査はコストや時間がかかることもありますが、その結果として得られる価値は非常に大きいので、ぜひ実施をしてみてください。

定量調査で「売れるコンセプト」かどうか、商品購買確度を調べる

定性調査で得られた消費者のフィードバックを基に、コンセプトをブラッシュアップしたあとは、定量調査を実施します。

定量調査は、広範なサンプルから得られるデータを基に、**どのくらいの割合で商品が購買されるのかの可能性を精緻に測定する**ことが目的です。今回は、定量調査を通じて商品コンセプトの購買確度を調べる具体的な方法について詳しく解説します。

定量調査の精度を高めるためには、できるだけ多くのサンプルサイズを確保することが重要です。対象者の属性は広めに取り、各セル（属性グループ）に対して50サンプル以上、理想的には１００以上のサンプル数を目標にしましょう。これにより、得られるデータの信頼性が高まり、より正確な分析が可能となります。

調査票は、以下の評価項目を中心に設計します。

定量調査における評価の基本項目

評価の基本項目

1. **使用意向**（SA）
   とても使いたい・やや使いたい・どちらとも言えない・あまり使いたくない・まったく使いたくない
2. **使用意向の理由**（OA）
3. **詳細評価**（SA マトリクス）
   目新しい／他の商品とは違う・ユニークである／使いやすそう or おいしそう／品質が良さそう／特長がわかりやすい／自分向きである／信用できる
4. **商品特徴の魅力度**（MA）
   コンセプトの特徴を列挙し、良い点・魅力に感じられる点を聴取
5. **商品特徴の疑問・改善点**（MA）
   コンセプトの特徴を列挙し、疑問点や魅力に感じられない点を聴取
6. **価格提示後の購入意向**（SA）
   とても買いたい・やや買いたい・どちらとも言えない・あまり買いたくない・まったく買いたくない

①使用意向（SA）

5段階もしくは7段階で、シングルアンサーで聴取します。

②使用意向の理由（OA）

使用意向の理由を自由回答形式で聞きます。消費者が何に響いたのか、どのような使い方を想像したのかを分析します。

③詳細評価（SAマトリクス）

新規性、独自性、品質の良さ、わかりやすさ、自分向け、信用性などの項目について評価を行ないます。これらの項目をSA（シングルアンサー）マトリクスで5段階で評価し、より詳細な評価を測定します。

④商品特徴の魅力度（MA）

商品の特徴について魅力に感じる点をMA（マルチアンサー）で選んでもらい、商品の強みを把握します。

⑤商品特徴の疑問・改善点（MA）

商品の特徴について疑問点や魅力に感じられない点をMA（マルチアンサー）で選んでもらい、商品の弱味を把握します。

⑥価格提示後の購入意向

使用意向と同じ尺度で、5段階もしくは7段階で聴取します。価格が商品の使用意向に与える影響を確認し、最初の使用意向からどのくらい態度が変わるかを分析します。

プロフィール、カテゴリー使用実態、現使用製品、使用理由、購入重視点、デモグラフィック設問については、別途把握しましょう。

評価尺度は5または7を推奨しますが、各社の基準があると思いますので、企業が過去に蓄積してきた基準に沿うことが重要です。これにより、過去のデータと比較して商品のポテンシャルを正確に評価できます。

定量調査の結果分析における設定すべき判断基準の指標

定量調査の結果を分析する際には、以下の指標を判断基準として設定します。指標を基に、商品の購買確度を検証していきます。

①商品のポテンシャル確認

使用意向のトップボックス（とても使いたい）は20％以上欲しいところです。30％以上出ると、非常に購買角度が高いと判断できます。使用意向のトップ2ボックス（とても使いたい＋やや使いたい）は70％で合格ラインになります。それ以上超えてくると非常に購買確度が高いと判断できます。

それ以外にも、**「自分向き」**は自分のためのモノだと感じてもらえているかどうかを把握する重要指標です。また、**「新規性・独自性」**もその商品の独自価値がどの程

主指標のまとめ

1. 商品のポテンシャル確認

- 使用意向のトップボックス　　：20% 以上
- 使用意向のトップ 2 ボックス　：70% 以上
- 購入意向のトップボックス　　：20% 以上
- 購入意向のトップ 2 ボックス　：70% 以上
- 自分向きのトップ 2 ボックス　：70% 以上
- 新規性のトップ 2 でボックス　：70% 以上
- 独自性のトップ 2 でボックス　：70%以上

2. 商品特徴の魅力度測定

- 評価が40%以上の項目
- 使用意向との相関係数が0.5以上ある項目

度高いのかを理解するための重要な指標になります。最後に、**「使いやすそうorおいしそう」**も大事です。使用後の状態がイメージできているということになりますので、これらの項目はトップ2ボックスで70％を超えてほしい項目になります。

②商品特徴の魅力度測定

魅力度の測定においては、商品特徴の中で、40％以上が魅力的だと回答された項目が非常に高評価と判断できます。**少なくとも30％は欲しい**ところです。

商品特徴においては、使用意向との相関係数を確認していただきたいのですが、相関係数が0・5以上ある項目が意向に影響を与える項目となり、USP候補になりえます。

このように、定量調査を通じて、「商品コンセプトが市場で受け入れられるのか」購買確度を予測することができます。過去のコンセプト評価とも比較しながら、量的な検証を通じて、作成したコンセプトの受容性を正確に把握しましょう。

コンセプトを絞り込むときは、誰に評価されたかで判断する

定量調査で得られたコンセプト評価について、全体的な評価を把握したあとは、**ターゲット別の分析**に入っていきましょう。ターゲット別分析の重要性と具体的な方法について詳しく解説していきます。

定量調査を通じてコンセプトの全体的な評価を把握するだけでは不十分です。ターゲットとなる消費者がどのように評価したかを詳細に分析することで、**どのコンセプトで行くべきかを絞り込む**ことができます。

ターゲット別の分析を行なう際には、以下の軸でデータを細分化して分析します。**複数軸で立体的に見ていくのがポイント**になります。

◎性別・年代

性別・年代ごとの評価を確認します。20代男性、30代男性……という形で区切ります。

◎エリア

地域ごとの評価を確認します。6区分、もしくは7区分で集約して分析します。

◎ライフステージ

未婚単身、未婚家族同居、既婚子どもなし、既婚子どもあり（末子未就学、末子小学生、末子中・高校生、末子それ以上）。特に子どもの有無で評価に差が出ることがあります。

◎カテゴリー関与度

商品カテゴリーに対する関与度で比較します。関与度が高い消費者は評価が高く出る傾向が見られます。

◎ユーザーセグメンテーション

ここが最も重要な軸です。ニーズ探索の段階でセグメンテーションを行ない、分析軸を決めておきましょう。定量調査では軸の再現性と出現率を確認し、セグメンテーションごとに評価を分析します。

全体傾向と比較しながら、トップ2ボックスのデータを横並びにして比較し、最も高い評価をしたグループを特定します。これらの人たちがメインターゲットとなります。

例えば、評価が最も高かったのが健康志向の高いシニアであれば、この層をメインターゲットとして設定します。次に、サブターゲットを特定します。メインターゲットに次いで高評価をした層をサブターゲットとします。

次に、商品特徴評価についても見ていきます。

メインターゲットがどの特徴を評価したのか、魅力度を確認し、どのポイントがなぜ響いたのか、その理由を特定することでメインに持ってくる訴求を見極めることが

ターゲット別分析

		使用意向	興味がある	目新しい	使いやすそう	魅力的である
全体	(1,000)	70.5	75.5	62.9	59.6	61.0
タイプ①	(200)	82.5	84.2	81.1	78.2	80.6
タイプ②	(200)	75.6	80.4	62.1	56.0	61.5
タイプ③	(200)	50.6	59.6	55.0	67.1	59.6
タイプ④	(200)	70.8	57.0	61.1	54.9	57.0
タイプ⑤	(200)	52.8	54.7	58.6	52.8	54.7

		品質がよさそう	特別だと感じる	特長がわかりやすい	自分向きである	
全体	(1,000)	57.6	56.2	57.3	54.9	
タイプ①	(200)	73.8	72.1	77.0	75.1	
タイプ②	(200)	56.2	60.3	58.8	56.3	
タイプ③	(200)	57.5	56.3	54.1	61.5	
タイプ④	(200)	53.7	52.5	52.4	48.3	
タイプ⑤	(200)	53.7	48.9	52.0	46.5	

できます。

コンセプトを絞り込む際には、誰に評価されたかを基に判断することが成功の鍵です。全体評価を把握したあと、ターゲット別の詳細な分析を行ない、メインターゲットとサブターゲットを明確にすることで、より効果的な商品開発とマーケティング戦略を立てることができます。ターゲット層のニーズと期待に応えることで、市場での成功確率を高めることができるのです。

「売れるか、売れないか」推計値を出して市場ボリュームを算定する

新商品を開発する際、その商品が市場でどれだけ売れるかを予測することは非常に重要です。**推計値を出して市場ボリュームを算定する方法**について詳しく解説します。

市場ボリュームを把握するためにまず行なうことは、総務省統計局の人口推計データを利用して、ターゲットとする人口または世帯数を確認することです。

このデータはエリア別、年代別、性別に分解することができます。例えば、日本全国の20〜60代を母集団にする場合、その層の人口を具体的に把握します。日本の20〜60代の人口は7630万人（令和5年度総務省人口統計より）となります。

次に、日本の20〜60代7630万人に対して、ターゲットの出現率と使用意向（トップ2ボックス）を掛け合わせます。

出現率とは、日本の20〜60代女性の中で何%の確率で出現するのかを示した値です。使用意向は、コンセプト評価でその商品を実際に使用したいと思う人の割合です。

例えば、母集団（日本の20〜60代7630万人）×ターゲット層のペルソナ①の出現率が10%×使用意向が85%であれば、獲得が見込める市場ボリュームは648万人となります。この形で**メインターゲットとサブターゲットを合算した市場ボリュームを推計**しましょう。

市場ボリュームの推計

全国20~69歳人口7,630万人　※令和5年度総務省人口統計より引用

日本全国	カテゴリーユーザー
推計値7,630万人	推計値5,500万人
・全国 ・20~69歳	・調理頻度週5日以上

▼

タイプ別出現率	機能説明後使用評価 TOP2
推計値2,670万人	

出現率 35%
n=10,000

タイプ	
ペルソナ①	10%
ペルソナ②	10%
ペルソナ③	5%
ペルソナ④	5%
ペルソナ⑤	5%

×

使用意向77%
n=10,000

①85%
②80%
③75%
④70%
⑤65%

＝

市場ボリューム（推計）

推計値2,058万人

タイプ	使用意向者出現率	市場ボリューム推移値
ペルソナ①	8.5%	648万人
ペルソナ②	8%	610万人
ペルソナ③	3.75%	286万人
ペルソナ④	3.5%	267万人
ペルソナ⑤	3.25%	247万人
	合計	2,058万人

次に、実際の市場ボリュームに基づき、**初年度の売上を推計**します。

ここでは、各社の経験則を用いて、新商品投入後に1人あたりが年間に購入する商品の数を割り出し、商品売価を掛け合わせることで、初年度の売上見込みを推定することができます。

算出した金額を眺め、**自社にとってその売上が生産、販売に十分値するかを判断**します。この評価には、企業の生産能力や販売チャネル、競合他社の動向なども考慮する必要があります。初年度の売上が予想以上に高ければ、商品化の決定が容易になりますが、予想以下の場合は、コンセプトの再検討やターゲット層の見直しが必要となります。

推計値を出して市場ボリュームを算定することは、新商品の成功を左右する重要なステップです。実際の売上を推計し、その結果を基に商品化の判断を行ないましょう。

第4章

失敗事例から成功法則を理解する

シーズ起点の新商品が陥りがちなターゲット不在のプロダクト

商品コンセプトが消費者ニーズに合致しない場合、たとえ優れた技術を持つ商品であっても、市場で成功を収めることは難しくなります。

この章では、実際に失敗した事例を通じて、成功するための法則を探り、商品開発やマーケティングにおいて重要なポイントを考察していきます。

画期的な技術が完成したからといって、消費者リサーチを十分に行なわないまま商品を市場に投入してしまうことがあります。いわゆる「シーズ起点」の商品開発です。

画期的な技術が生まれると、つい急いで商品化してしまいがちですが、ちょっと待ってください！　そのすばらしい技術、本当に消費者が求めているものなのでしょうか？

どんな人のどんなニーズを満たす商品なのか、いつどのように使われ、どんなメリットをもたらすのかを明確にしないまま発売してしまうと、消費者はその商品を「すごそうだけど、何に使うのかわからない」と感じ、購買につながりにくくなります。

つまり、ターゲットのどのような問題を解決する商品なのか、生活の中でどう使われるのかを具体的にイメージさせられなければ、**「新しくてすごそうだけど、よくわからないモノ」**として埋もれてしまい、結果的に失敗に終わる可能性が高くなります。

【失敗事例】効果をイメージできなかった新成分の化粧水

では、具体的な事例を見ていきましょう。

ある化粧品メーカーは、画期的な新成分を配合したスキンケア化粧水を開発しました。この新成分は、消費者には耳慣れないものでした。「なんかすごそう」と思わせることはできましたが、**具体的に何がどう良いのかを消費者がイメージできず、メリットが伝わらなかった**のです。

製品の効果として「今までにない保湿感」をアピールしましたが、市場にはすでに多くの保湿化粧水があり、この商品も一時的には売れましたが、想定の売上には届きませんでした。

この失敗は、**消費者が新成分に対して、既存製品との違いをイメージできなかった**ことに起因します。知名度のない成分を使う場合、「シワが予防できる」「美白になる」など、今までとどう違うのかを科学的なデータを交えて具体的に説明しなければ、魅力的に感じてもらうことは難しいでしょう。そこまでデータがなく効果が謳えなかったとしても、**成分が持っている特徴**を書くことはできるはずです。**「この成分で、あなたの肌がどう変わる？　毎日の生活がどう楽しくなる？」**までを伝えましょう。

そこまで伝えられて初めて、消費者の心に響くのです。

【失敗事例】欲張りすぎた？多機能炊飯器の落とし穴

ある家電メーカーでは、従来の炊飯機能に加え、多種多様な調理機能を搭載した高機能炊飯器を開発しました。圧力調整機能、スチーム調理機能、さらには発酵機能まで備え、「これ1台で多彩な料理がつくれる」とアピールしたものの、期待したほどの売上を達成することはできませんでした。その原因の1つは、**消費者が炊飯器に求める本来の役割が埋もれてしまった**ことにあります。

消費者が炊飯器に最も期待するのは「ご飯をおいしく炊く」ことであり、多機能すぎる製品はかえって使い勝手が悪いと評価されました。また、価格も高額であったため、「炊飯器にそこまでの機能が本当に必要なのか？」と疑問を持つ消費者が多かったのです。

この事例は、**技術革新が必ずしも消費者にとっての価値向上につながるわけではなく**、消費者が本当に求める機能を的確に提供することの重要性を示しています。過度に複雑な製品は、かえって消費者のニーズから逸脱してしまうリスクがあります。

これらの事例から学べるのは、ターゲットとなる**消費者が日常生活の中でどのように使えるのかを明確に設計する**ことの重要性です。

売れる商品をつくるためには、**ターゲットユーザーの具体的なニーズ**と、それに応える**エンドベネフィットを明確に示す**ことが不可欠です。どれだけ優れた機能を持っていても、消費者にとっての真の価値が伝わらなければ、その商品は失敗に終わる可能性が高くなります。

C／Pギャップが生まれると、リピート購入してもらえない

企業が商品やサービスを市場に投入する際、成功の鍵となるのは**「コンセプト（C）」と「パフォーマンス（P）」のバランス**です。

コンセプトとは、商品やサービスが消費者に提供する価値を伝えるものです。パフォーマンスは、そのコンセプトを実現する実際の機能や効果を指します。

この2つが一致していれば、顧客は満足し、リピート購入につながります。しかし、コンセプトとパフォーマンスの間にギャップが生まれると、顧客は期待を裏切られたと感じ、再びその商品やサービスを選ばない可能性が高くなります。

期待して買った商品がその期待を下回ってしまったとき、消費者はどう感じるでしょうか？

例えば、私自身、最近コンビニでミントタブレットを購入しました。夕方、口臭が気になり始めた時間帯に、口の中をさっぱりさせ、息をリフレッシュしたいと思ったからです。柑橘系のフルーツフレーバーを選びましたが、これが失敗でした。ミントの清涼感がほとんどなく、柑橘の味わいしか感じられなかったからです。「清涼感」や「息スッキリ」といった謳い文句に期待して購入したのに、求めていた効果が得られず、がっかりした経験があります。

皆さんも、期待を裏切られた商品を購入したことがあるのではないでしょうか？

そのとき、どんな商品に対して、どのように感じましたか？

【失敗事例】誇大表現によるパフォーマンス不足の補正下着

具体的な事例を見てみましょう。

体型補正の下着は、着用することでお腹が凹み、足が細くなり、バストサイズがアップするなど、理想の体型を実現できると謳っています。

しかし、実際には「思ったよりお腹が凹まない」「ヒップアップ効果が感じられない」といった不満の声が多く挙がっています。こうした声が多いのが、補正下着のカテゴリーです。人それぞれ体型が異なるため、全員が同じ効果を得られるわけではありません。それならば、**体型別のラインナップを用意するなど、個々のニーズに合わせた商品展開が必要**でしょう。

【失敗事例】消費者の期待とズレるスキンケア・ヘアケア製品

スキンケアやヘアケア製品も、C／Pギャップが生じやすいカテゴリーです。

先日実施した消費者調査では、「クレンジングオイルがシャバッとしていて肌に密着せず使いにくかった」「サラサラと謳っているヘアミルクが実際にはべたついていて、しっとりしすぎた」「化粧水がどろっとしていて肌に浸透しなかった」など、期待していた使用感とは異なり、不満を抱いたという声が多く寄せられました。

また、「ツヤが出るシャンプーと書いてあったのに、期待したほどのツヤが出ない」

「毛穴の黒ずみが取れると謳われていたが、使い続けても変化が見られなかった」など、**期待した効果が得られないと感じる消費者**も多いようです。**使用感や効果が期待値とズレたときに、不満が生まれやすくなります。**

失敗事例から見えてくること①

ここで注目すべきは2つのポイントです。

第一に、**コンセプトで説明する内容と実際のパフォーマンスが一致しているかどうかを事前に確認する**こと。当たり前のことですが、コンセプトが約束する価値に対して、実際の効果が追いついていなければ、消費者は簡単に離れてしまいます。特に消費者が初めて製品を試す際に感じる「ファーストインプレッション」は非常に重要です。これに失敗すると、信頼を回復するのは難しいでしょう。

第二に、**消費者が該当カテゴリーに求める基本的なスペックを把握し、自社の商品がそれをしっかり体現できているか確認する**ことです。

例えば、化粧水であれば「しっかり浸透し保湿されること」、ミントタブレットであれば「口がさっぱり・すっきりする清涼感」などが該当します。このような基本的なニーズを満たせない商品は、満足度を低下させる結果につながります。

このように、**C／Pギャップが生まれると、リピート購入を期待するのは難しくなります。**消費者が期待する効果や体験と実際のパフォーマンスが一致しているかどうか、製品開発の段階から徹底的に見直し、顧客満足度を高めることが成功への鍵となります。

こだわりすぎて売れなかった⁉ 消費者ニーズとのズレがもたらす失敗

商品やサービスを開発する際、開発者や企業が「こだわり」を持ってつくり上げることは非常に重要です。品質へのこだわり、デザインへのこだわり、技術へのこだわり――、これらのこだわりがあるからこそ、製品に独自の魅力が生まれます。

しかし、**どんなに情熱を注いでこだわった商品であっても、市場で成功するとは限**

りません。実際、「こだわりすぎた結果、売れなかった」というケースは少なくありません。

こだわりが消費者のニーズや期待と一致しない場合、かえって売れ行きに悪影響を及ぼすことがあります。

では、具体的な事例を見てみましょう。

【失敗事例】本格的すぎて手間がかかりすぎた冷凍パン

ある食品メーカーが開発した冷凍パンは、おいしさに徹底的にこだわった商品でした。バターをたっぷり練り込み、生地から焼き上げるという本格的なプロセスで、風味や食感は抜群。

しかし、このパンには1つ問題がありました。**調理に十数分かかるため、忙しい朝には向かない**のです。朝食にパンを出す家庭が多い中、手軽さを重視する消費者にとって、この調理時間は負担となり、結果的に売れ行きは伸び悩みました。

【失敗事例】素材にこだわりすぎたクラフトビール

ある飲料メーカーが、オーガニック原料を使用し素材にこだわったクラフトビールを発売しました。農薬や化学肥料を一切使用せずに育てられたホップや麦芽を使い、環境にも優しい商品としてアピールしました。お値段がややお高めであるプレミアム感と、オーガニック原料ならではの独特の風味は、どちらも一部のビールへビーユーザーには非常に好評でした。

ただ、評価が高そうだと期待されたこのビールは、**一般のビールユーザーからは、「独特の風味が強すぎる」「値段が高すぎる」**として受け入れられず、販売は振るいませんでした。

失敗事例から見えてくること②

これらの事例からわかるのは、**商品開発において、消費者が本当に求めているもの**

を理解することが不可欠だということです。そして、そのニーズに応えるために、こだわりを追求する姿勢が何よりも重要です。

ただ、**消費者のニーズと商品のセールスポイントが一致していなければ、どんなに優れた品質の製品でも市場で成功することは難しい**でしょう。

最終的には、こだわりと消費者ニーズのバランスを見極め、その両方を満たす製品を開発することが、ビジネスの成功につながるのです。

No1があふれすぎて、効果が弱まっている

「No1」というフレーズは、長い間、マーケティングの強力なツールとして使われてきました。市場シェアNo1、顧客満足度No1、売上No1……。

これらの称号は、商品やサービスが他に勝る品質や信頼性を持っている証拠として掲げられ、消費者にとっても安心感を与えるものでした。

しかし、最近では「No1」の主張があふれすぎて、その効果が徐々に弱まっているのではないかと感じることがあります。

最近実施した消費者調査では、以下のような発言が挙がりました。

「売上Ｎｏ１はよく見るけど、何がＮｏ１なのかよくわからない。ありがちな印象」（食品）

「＠コスメＮｏ１のシールがどの商品にも貼ってあって、どれが本当に良いのかわからない」（スキンケア）

「満足度Ｎｏ１って、どんな基準で言ってるのかがわからず説得力に欠ける」（日用品）

また、「医師との共同開発」や「長年の研究結果」といったフレーズも、かつては非常に効果的だったものの、今では次のような反応が増えていると感じます。

「最近よく聞くけど、医師とコラボしている商品が多すぎて特別感がない」（下着）

「長年の研究結果というフレーズは多用されていて、具体的に何が良いのかもっと知りたい」（メイク品）

このような状況は**「Ｎｏ１疲れ」**とも言える現象です。多くの商品が「Ｎｏ１」や「医師コラボ」を主張することで、消費者にとってそれらの称号の特別感が薄れ、どれが本当に優れているのか判断しにくくなり、信頼性も感じにくくなってしまっています。

「社会的証明」を使うときの注意点

ただ、誤解しないでいただきたいのは、信頼できる人がその品質を保証している・監修しているという訴求は、非常に効果のあるものです。特徴が似ている商品が多い中で、差別化を図り、購入を後押しするための強力な訴求になります。

最近ではインフルエンサー起点でのマーケティングが主流になっていますが、Ｎｏ１の訴求と同様に、頻繁に使われることで、その効果が薄れていく可能性があります。

重要なことは、**消費者にとって誰が言えば説得力があるのかを見極める**こと、そして**その主役は時代とともに移り変わっていく**ということです。

説得力の種類は2つあります。

1つは「憧れ・推しの存在」で、芸能人やインフルエンサーなど、この人になりたい、近づきたいと思えるような人が発信する説得力です。

もう1つは「権威の存在」です。専門家や専門誌、例えばアスリートや医者のような、「この人が言っていたら安心、信頼できる」と思うような人・媒体が伝える説得力です。

憧れと権威の2つを組み合わせることでより説得力が増すため、どちらの訴求も行なっていくと、より効果を発揮します。

今一番消費者にとって影響力のある存在とは何かを把握し、それらを通じて情報を提供し、信頼を築くことが、マーケティング戦略において重要な鍵となるでしょう。

他社の後追いで迷子になる？ 模倣商品開発の落とし穴

企業が成功を目指す中で、他社の成功事例を参考にすることはよくあります。特に市場で人気を集めた商品を模倣することで、リスクを抑えつつ短期間で成果を上げようとする戦略は、多くの企業で採用されています。

しかし、この「模倣戦略」には大きな落とし穴があり、企業を迷子にしてしまうことも少なくありません。

ここでは、実際の事例を交えて、**模倣の危険性と、その克服方法**について考えてみます。

【失敗事例】家電メーカーが模倣した掃除機

ある家電メーカーA社は、ライバル企業B社の大ヒット商品「スーパースリム」掃除機に対抗するため、「ウルトラスリム」という新製品の開発に乗り出しました（製品名は仮の名称）。

A社は、B社と同等の薄さを実現しながら、さらに吸引力で上回ることを目指しました。また、デザインも「洗練された細身」というコンセプトを掲げ、競合製品と差別化を図ろうとしました。開発チームは必死に取り組み、「ウルトラスリム」を完成させましたが、結果は予想を大きく裏切るものでした。

「ウルトラスリム」は市場に投入されましたが、その外見はB社の「スーパースリム」とほぼ同じで、消費者に混乱を招きました。**多くの消費者が「どっちがどっち?」という疑問を抱き、A社製品が新しい価値を提供しているとは感じられなかった**のです。

また、性能面での優位性も十分にアピールできず、A社は**「B社の二番煎じ」という評価**を受けてしまいました。さらに、価格競争にも巻き込まれ、利益率が大幅に低下してしまったのです。

なぜ、この模倣戦略が失敗に終わったのか。

その理由は、まず、**A社が独自性を欠いていた点**にあります。B社製品との差別化ポイントが明確ではなく、消費者はA社製品を選ぶ理由を見つけられませんでした。

また、「薄型掃除機といえばB社」という市場のイメージがすでに定着しており、A社は後発という不利な立場に立たされていました。さらに、**A社は真似ることに注力しすぎた結果、新しい価値を創造する機会を逃してしまいました。**

失敗事例から見えてくること③

では、A社はどうすれば良かったのでしょうか？

このような事態を招かないためには、まず、**競合製品のユーザーニーズを深掘り**し、**B社製品を使用しているユーザーが抱えている不満や改善点を徹底的にリサーチする**ことが重要です。

例えば、「薄すぎて安定感がない」や「収納時に自立しない」などが挙がるかもしれません。**問題点に焦点を当て、その解決策を自社製品に取り入れる視点**が必要です。

また、**自社の強みを活かす**ということも大切です。A社にしかない独自の技術、例えば「静音技術」があるのであれば、それを最大限に活用して「世界一静かな薄型掃除機」として打ち出すことができたかもしれません。

さらに、A社が**「薄さ」以外の新しい価値を提案**できていたら、消費者の注目を集められたはずです。例えば、「折りたたみ式で収納時は超薄型になる」「AIを搭載して自動運転機能がある」といった新しい機能を追加すれば、B社とは異なる魅力を持つ製品に仕上げられたでしょう。

競合他社と同じ土俵で戦い、価格だけ下げてしまうと、市場全体の利益率が下がり、ゆくゆくは苦しい戦いを強いられることになります。

他社の成功事例を参考にすることは重要ですが、**単なる模倣では市場で生き残ることはできません**。重要なのは、学んだことを基に、自社ならではの価値を加え、真のイノベーションを生み出すことです。

もしも、あなたの会社で「他社と同じものをつくろう」という声が上がったときには、立ち止まって考えてみてください。

「我々にしかできない価値とは何か？」

その問いに答えられるアイデアこそが、市場を驚かせる次の大ヒット商品になる可能性があるのです。

第5章

「購買喚起ワード」で商品が売れた成功事例

「オノマトペ」は、なぜ購買喚起ワードとして強いのか？

第3章で、「購買喚起ワード」について解説しました。売れる商品のコンセプトには、購買喚起ワードが含まれています。本章では、実際に成功例を見ながら、購買喚起ワードについて理解を深めていきたいと思います。

商品の広告やパッケージにおいて、オノマトペ（擬音語・擬態語）は消費者の購買意欲を大きく刺激する力を持っています。日本語特有の言語表現であるオノマトペは、**単なる言葉以上の感覚や体験を瞬時に伝える効果**を持ち、消費者に商品がもたらすであろう**「感覚」を直接的に訴えかける**ことができます。

例えば、「サクサク」「とろ〜り」「ぷるるん」といったオノマトペは、食品のパッケージや広告で頻繁に見られます。

これらの言葉は、**視覚や触覚では伝えきれない食感や味覚の特性を消費者にイメー**

ジさせることができるのです。

「オノマトペ」を使ったヒット商品を分析

具体的な事例について見ていきましょう。

◎ブルボン「ひとくちルマンド」

「ざくざく食感がクセになる」というキャッチフレーズが人気の商品です。「ざくざく」という言葉が、クッキーの食感を明確に伝え、食べる楽しさを強調しています。「チョコ、のち、ザクザク。」という広告を展開されていましたが、口の中でどんな体験が起こるのかがよく表現されているワードです。若年層からの反応も良かったようです。

◎日清食品「もちっと生パスタ」

「もちっと食感の平打ち生パスタとこだわりのソース」が特長の人気ブランドです。

「もちっと」という言葉が、パスタの食感を鮮明に伝え、高級感とおいしさを想起させています。消費者が求める麺への「こうあってほしい」というニーズを端的に表しており、発売後からこれまで売れ続けているロングセラー商品です。

◎再春館製薬「ドモホルンリンクル」

「手に肌がくっついて離れないほど、モチモチ肌になる」という表現が多くの女性の心をつかみました。TVCMで見て覚えている人も多いのではないでしょうか。私も何度も目にしたCMで、肌に手がくっついて、はがすときにぺりっとした音がするTVCMが、今でも強く印象に残っています。肌の潤いと弾力を視覚的・触覚的に表現し、消費者が気になる商品になっています。

このように、オノマトペは、商品をただ説明するだけでなく、**その商品の持つ本質的な価値や体験をひと言で表現する力**を持っています。特に、商品に対する感覚的な期待が購買動機につながる食品や化粧品、飲料などの分野で、その効果は力を発揮します。

オノマトペの効果的な使用のポイントは、**商品の核となる特長を端的に表現する**ことと、**視覚や触覚や味覚などの感覚に直接訴えかける**ことが重要です。

さらに、オノマトペは、**一度消費者の記憶に残ると、特定の商品やブランドを連想させるフック**にもなります。

例えば、「ぷるるん」ゼリーと聞けば、特定のゼリーブランドを思い浮かべる消費者も多いでしょう。これは、オノマトペが単に言葉として使われるだけでなく、**ブランドや商品のアイデンティティの一部として機能している**ことを意味します。

現代の消費者は情報過多の中で商品を選ぶ必要があり、その選択において即座に理解しやすく、感覚に訴えかける情報が求められています。オノマトペはその役割を果たす理想的な表現方法であり、商品の特徴を効果的に伝え、購買意欲を喚起する力を持っています。

オノマトペは単なる飾りではなく、消費者にとっての購買喚起ワードとして機能します。特に、日本市場においてはその効果は大きいと感じます。

「もう少し惹きの強いコンセプトをつくりたい」と思った際には、ぜひオノマトペを組み込んでみてください。オノマトペを上手に活用することで、商品の魅力を最大限に引き出し、消費者の心をつかむことができます。

伝わりにくい・既視感のある商品特徴をメタファーで表現する

コンセプトをつくっていると、いろんな課題にぶつかります。

特に革新的な商品や複雑な技術を扱う場合、その価値を消費者にわかりやすく伝えることは至難の業となります。


「言いたいことがたくさんありすぎる」

「薬事法にひっかかるから直接的な表現ができない」

「特長をストレートに伝えると、ありきたりな表現になってしまう」


……などなど、皆さんも一度はぶつかった壁ではないでしょうか。

そんなとき、効果的にコンセプトを伝える手段として、メタファーの活用が有力な表現方法となります。


メタファーとは、**ある概念を別のわかりやすい概念に置き換えて表現する手法**です。

抽象的な概念を具体的なイメージに置き換える力があります。

この手法は、全く新しい商品・サービスを売り出す際に、新しい概念を消費者に伝えようとする場合に特に有効です。

「メタファー」を使ったヒット商品を分析

具体的な事例について見ていきましょう。

◎ケイト「リップモンスター」

「落ちにくいのに、つけたての色がそのまま持続する」ことが特長の口紅で、マスク着用が義務付けられていたコロナ禍に爆発的な大ヒットを生みました。

キャッチフレーズは、「唇の内側から潤う、粘膜リップ」です。「粘膜」というメタファーを使うことで、まるで粘膜のような唇になれるとすぐに想起することができます。見た目の色、保湿力のある質感がすぐにイメージすることができる好例です。リップ市場の中で、「ネンマクリップ」という新たなカテゴリーを創出しました。

◎ドウシシャ「ゴリラのひとつかみ」

「痛きもちイイがやみつきになる」

コンパクトなのに本格的なケアが可能なマッサージ機器です。ネーミングのわかりやすさと、SNSや店頭での販促が功を奏し、大ヒットとなりました。

ゴリラをメタファーにすることで、ハイパワーであることが巧みに表現されています。まるでゴリラがマッサージしてくれるかのような感覚が得られるのかなと効果を期待し、思わず試してみたくなってしまいます。「強いけど痛くない」「意外と繊細な施術」といった試した感想をSNSで投稿する人が増え、口コミが話題となったそうです。

◎ローソン「悪魔のおにぎり」

ローソンが販売した「悪魔のおにぎり」は、その名前のインパクトから一気に人気商品となりました。「一度食べたら止まらない」「罪深いほどおいしい」といったメッセージを込めたこの商品は、「一度食べたらやみつきになりそうで危険……、でも食べてみたい！」という消費者の心をくすぐります。

メタファー最大の効果は、単に商品を説明するだけではなく、感覚や感情に直接訴えかける点にあります。特に、技術的に複雑な商品や、目に見えない価値を持つサービスの場合に効果を発揮します。

メタファーを効果的に使用するためには、

「ターゲット層が理解しやすい身近なたとえを選ぶこと」
「商品やサービスの本質的な価値と合致していること」
「意外性があり印象に残るものを選ぶこと」

が重要です。

現代のマーケティングでは、消費者が日々膨大な情報にさらされているため、商品コンセプトを単に言葉で伝えるだけでは不十分なことが多くなっています。メタファーを活用することで、商品の価値を直感的に理解させ、感情に訴えることができるため、**競争の激しい市場で差別化を図るための有効な手段**となります。

伝わりにくい商品コンセプトをメタファーで表現することは、消費者にとって魅力的でわかりやすいメッセージをつくり出すための鍵となります。

企業が自社の商品を効果的に伝えるためには、消費者の視点に立ち、シンプルでインパクトのあるメタファーを活用することが重要です。それによって、商品の持つ本質的な価値がより多くの人に共有され、結果的にブランドの成功へとつながります。

「どうなりたいか、どうなれるか」感情にフォーカスした訴求

現代のマーケティングにおいて、消費者の感情に訴えかけるコンセプトづくりは、ますます重要になっています。製品やサービスを単なる機能や特徴の集合として捉えるのではなく、**消費者がそれを通じて「どうなりたいのか」や「どうなれるのか」という感情的な欲求に応える**ことが求められています。これにより、消費者の心に深く響き、彼らの生活の一部として根付くブランドや商品が生まれます。

まず、**「どうなりたいか？」**という問いは、消費者が商品やサービスを通じて実現したい理想や目標を示しています。例えば、美容で言えば、単に肌を保湿する以上に、「自信を持って輝く自分になりたい」という願望が根底にあるかもしれません。

有名なもので言うと、**ナイキの「Just DO It」**です。「自分の限界を超えたい」という感情に訴えかけ、「挑戦し続ける自分」に誇りを持たせるメッセージを送っています。

一方、**「どうなれるか？」**という問いは、商品・サービスが提供する価値によって、消費者がどのように変わり得るのかを考えるものです。

これは、商品・サービスの利用によって得られる変化や成長を予感させます。これらの視点をうまく設計し、感情に訴えるコンセプトをつくることで、商品が持つ独自のポジションを確立することができます。

「感情アプローチ」を使ったヒット商品を分析

具体的な事例について見ていきましょう。

◎コカ・コーラ「チルアウト」

ストレスを抱える現代人のためのリラクゼーションドリンクとして、市場に定着した人気商品です。リラックスしたいという消費者の感情に焦点を当て、その名のとおり「ゆったりと過ごす時間」をイメージさせます。「これを飲んだらチルアウトできる」という感情に働きかけることで、商品はただの飲料ではなく、心理的満足感を得られる特別な体験を提供する商品として受け入れられました。

◎サントリー「オールフリー」

アルコールフリーかつカロリーフリーのビールテイスト飲料です。飲みたいけれどお酒を控えたいという矛盾する感情を解決する商品であり、消費者に健康的なライフスタイルを維持しつつ、ビールの楽しみを提供しています。罪悪感がなくストレスフリーに飲めるオールフリーは、単なるノンアルコールビール以上の価値を持ち、健康意識の高い消費者に強い共感を与えています。

◎アサヒビール「アサヒスーパードライ」

アサヒスーパードライは、これまで「辛口」「飲みごたえ」「キレ」といった機能的な訴求を中心としていましたが、近年では情緒価値を中心とした訴求に変えてきています。情緒ニーズによるポジショニングで商品ポートフォリオを組むことで自社商品を選んでもらえる確率が上がり、売上シェアの向上に寄与したそうです。

機能で訴求するのではなく、**「自分らしく生きている実感」「気持ち高まる瞬間」**という感情にフォーカスした訴求を展開し、消費者からの強い共感を得ています。もちろん、ずっと愛され続けている「辛口」「キレ」という機能の訴求も重要ですが、それに加えて、**感情を刺激する**という点がポイントになります。

このように感情にフォーカスしたアプローチは、単なる商品の機能や特徴を超えて、

消費者のライフスタイルや価値観に訴えかけることができます。それにより、ブランドと消費者との間に強い絆を築き、**長期的な顧客ロイヤリティにつながる可能性**があります。

例えば、家電メーカーが新しい空気清浄機を開発する場合、単に「PM2・5を99・9%除去」と訴求するだけではなく、**「毎日、森林浴しているような爽やかな朝を」**という表現をメインに据えることで、清浄な空気がもたらす心地良さや安心感を強調することができるでしょう。

感情にフォーカスするアプローチのポイントは、

「ターゲット層の潜在的な欲求や悩みを深く理解すること」
「商品使用後の理想的な感情状態を具体的にイメージさせること」
「感情的な訴求と機能的な特徴のバランスを取ること」

が重要です。

新しい商品やサービスのコンセプトを考える際は、

「この商品で消費者はどんな気持ちになれるか」

「どんな理想の自分に近づけるか」

を中心に据えてみてはいかがでしょうか？

感情に響くコンセプトが、あなたのブランドを消費者の心の中に特別な存在として位置づける可能性を秘めています。

リアルなシチュエーションが、購買喚起につながる

消費者の心に響くコミュニケーションを展開するためには、商品の特徴や機能を伝えることに加えて、**日常のリアルなシチュエーションに基づいた訴求**を行うことも非常に効果的です。リアルなシチュエーションは、**消費者が自分自身の経験や感情と結びつけやすく、より強い共感と購買意欲**を引き出します。

こうしたコンセプトは、単なる商品の説明を超えて、その製品が消費者の生活にどう溶け込むかを伝えて購買意欲を高め、消費者の日常に根ざした特別な瞬間を思い出

させ、「また買いたい」と思わせる動機付けを促すことが可能です。

「リアルなシチュエーション」を使ったヒット商品を分析

具体的な事例について見ていきましょう。

◎マクドナルド「朝マック」

このアプローチの秀逸な例が、マクドナルドの**「朝マックは、旅の前のにおいがする。」**というキャンペーンです。

私がこのコピーを耳にしたとき、本当に感動しました。朝早く起きてワクワクしながら旅行に出発。車に乗り込み、朝の空気を感じ、空いている道を走りながら「お腹減ったね、マック寄る?」「いいね朝マックしよう」とドライブスルーに向かいます。あの日の旅立ちの高揚感、そしてその瞬間の独特の雰囲気を見事に捉えています。多くの人が経験したことのある、旅の朝の特別な気分を喚起することで、朝マックを単なる食事ではなく、特別な体験の一部として位置づけることに成功しました。早朝の売上アップに貢献したそうです。

◎宝酒造「松竹梅白壁蔵 澪」

澪は「お米うまれのやさしい甘みが特長のスパークリング日本酒」として、伝統的な日本酒とは一線を画す新しいカテゴリーの商品です。その魅力を最大限に引き出すために展開された**「澪でほぐれる月イチ贅沢。」**という広告キャンペーンは、特定のシチュエーションに焦点を当て、消費者の感情に深く訴えかけるものとなっています。

「月イチ贅沢」というフレーズは、現代の忙しい生活の中で、「たまには自分へのご褒美として、ゆったりとした時間を楽しみたい」という消費者の心理を巧みに捉えています。このキャンペーンは、特別な日や特定のシチュエーションを象徴する言葉を使うことで、澪を単なる飲み物ではなく、「リラックスする時間」や「自分を大切にするひととき」として位置づけています。

◎アサヒ飲料「モーニングショット」

「モーニングショット」は、アサヒ飲料が展開する缶コーヒーブランド「WONDA」の代表的な商品です。この商品は、特に「朝」という特定のシチュエーションにフォーカスし、その時間帯における消費者のニーズに応える形で成功を収めています。モーニングショットは、「朝の一杯」としての位置付けを強調し、朝の忙しい時間でも手軽にコーヒーを楽しみたいという消費者の欲求に応える商品となっています。

このように、**具体的なシチュエーションを想起させる**ことで、商品が消費者の日常生活にどのようにフィットするかを明確に伝えることができます。

リアルなシチュエーション訴求のポイントは、

「ターゲット層が商品を日常生活の中でどのように使っているかを深く理解すること」

「商品を使っていて最もポジティブな気持ちになる特定のシチュエーションを特定すること」

「感情的な共感を呼ぶシーンを選択すること」

が重要になります。

リアルなシチュエーションに基づいた購買喚起ワードは、消費者の感情や日常生活の特定の瞬間に直接訴えかけることで、商品の価値を単なる機能や特徴の域を超えたものに高めます。

新しい製品やサービスのマーケティングを考える際は、

「この製品は、どんな瞬間に使われるのか」
「どんなシチュエーションで最も価値を発揮するのか」

を具体的に想像してみてください。

そこから生まれる言葉が、消費者の心に深く刻まれる強力な購買喚起ワードとなり、あなたの商品やサービスを、消費者の生活や感情に寄り添う特別な存在へと引き上げる可能性を秘めています。

結局、一番強いのは「新技術」

今までいろいろなコンセプトを見てきましたが、その中でも圧倒的に評価が高いのが、**「新技術」が搭載された新商品コンセプト**になります。

消費者に評価を尋ねると、**「新しい」「今までにない」「ワクワクする」「生活が変わりそう」**という期待感とともに、未知への不安も感じるため、説明は丁寧にする必要がありますが、**技術革新こそが市場を根本から変革し、競争の優位性を確立する最たる手段**となります。

技術の進化や革新的な技術は、それ自体が強力な購買喚起要因です。特に、**消費者の生活に大きな変革をもたらす可能性のある技術**は、強い関心と期待を集めます。

「新技術」を使ったヒット商品を分析

具体的な事例について見ていきましょう。

◎ポーラ「リンクルショット メディカル セラム」

ポーラは長年、シワ改善に関する研究を続け、**新成分「ニールワン」**を発見しました。世界で初めて「医薬部外品」としてシワを改善する効果が認められた有効成分です。「シワを改善する、史上初の薬用化粧品」として、臨床試験の結果や、医薬部外品としての承認を前面に押し出しました。この商品が登場したときの衝撃は忘れられません。大いに話題を集め、瞬く間にヒット商品になりました。

◎ヤクルト「ヤクルト1000」

多くの人の悩みの種である、「ストレス緩和、睡眠の質向上」を謳い、爆発的な大ヒットになった商品です。ヤクルト本社の研究により、**乳酸菌シロタ株**が腸内環境を整え、ストレスを軽減することが明らかになったことに基づいています。

多くの消費者が「実際に睡眠の質が改善された」という実感をSNSやレビューサイトでシェアし、品薄状態になるほどの需要を生み出しました。

◎ダイソン「掃除機」

ダイソンと言えば、非常に有名なキャッチフレーズである「吸引力の変わらない、ただひとつの掃除機」です。**サイクロン技術**という新技術を強調し、従来の掃除機との差別化を図りました。目に見える形での集塵効果、従来の掃除機の問題点（吸引力の低下）を解決し、デザインも優れている商品で大ヒットを収めました。

新技術を活用したコンセプト設計で重要なことは、

「技術の革新性をわかりやすく説明すること」
「従来製品との明確な差別化ポイントを伝えること」
「技術がもたらす具体的なベネフィットを強調すること」

です。

また、新しければ新しいほど理解されにくいことがあるので、

「生活の中でどのように使えるか」

「消費者にとってどうメリットがあるか」を伝えることも重要なポイントです。

こう言ってしまっては元も子もありませんが、やっぱり「なんだかんだ言って、一番強いのは新技術」につきます。

新技術がもたらすイノベーションは、市場を制し、消費者の生活をより良く変化させ、企業を成功へと導きます。どんなに優れたマーケティング戦略やブランドイメージがあっても、**最終的には新技術が競争の勝敗を決する重要な要素**となります。

企業が持続的に成長し、競争に勝ち続けるためには、新技術の導入と活用が不可欠です。新しい技術・新成分・研究結果が完成したとき、それが本当に消費者の生活を変革する力を持っているか、どのように変化させることができるか、そしてその価値をどのように伝えるべきかをしっかり調査していきましょう。そこに、次の大きなビジネスチャンスが眠っています。

「コモディティカテゴリー」は、「効能」で一点突破

多くの商品が似たり寄ったりになりがちなコモディティカテゴリーでは、商品ごとの差別化が極めて難しくなります。

こうしたカテゴリーで他社製品との差別化を図るための1つの方法として、**「効能」や「特定の機能」に特化したコンセプトをつくる**という表現方法があります。

この商品は何ができるのか、どんな効果があるのかをシンプルに訴求するこのアプローチは、消費者に対し、明確で具体的な価値を提供し、競争の激しい市場での優位性を確保することができます。

「効能」を使ったヒット商品を分析

具体的な事例について見ていきましょう。

◎アキレス「瞬足」

瞬足は、子ども用の運動靴で大ヒットした商品です。従来の運動靴との差別化を図るために、**「運動会で速く走るための靴」**という効能に特化しました。

この製品は、子どもが左右にバランスを取りやすい左右非対称ソールや、コーナーでの安定性を向上させる設計を採用しています。特に、運動会で速く走りたいという具体的なニーズに応えたことで、瞬足は単なる子ども用靴の枠を超え、親や子どもたちにとって「勝つための靴」として人気の商品となっています。

◎資生堂「HAKU」

HAKUは、美白ケアに特化した化粧品シリーズで、特にシミやくすみを防ぐ効能にフォーカスしています。HAKUシリーズは、**メラニンの生成を抑制する独自成分を配合し、使用を続けることでシミを防ぐ効果**が期待できるとされています。資生堂は、この美白効果を科学的データとともに訴求し、他のスキンケア製品との差別化に成功しました。「シミ対策ならHAKU」という明確なメッセージが消費者に響き、長年にわたり人気の商品となっています。

◎ライオン「NONIO マウスウォッシュ」

NONIOは、従来のマウスウォッシュと比較して、口臭を抑える効果に特化しており、長時間持続する清涼感が特長です。特に、**口臭の原因となる菌を抑制する独自の成分を配合**し、ビジネスシーンや人と接する機会が多い消費者にとって、非常に実用的な製品となっています。発売以来、口コミやSNSを通じて高い評価を得ており、口臭ケア市場での地位を確立しました。

コモディティ化した市場であっても、**特定の効能に焦点を当て、それを徹底的に追求する**ことで、新たな価値を創造し、成功を収めることが可能です。共通しているのは、**商品名を見てもどんなものかが一目瞭然であるほどわかりやすい**ことです。

重要なのは、

「消費者にとって本当に価値のある効能は何かを特定し、シンプルに伝えること」

「それを実現する技術力」

の2点です。

商品コンセプトを設計する際は、**「この商品ならではの、他にない効能は何か」**を徹底的に考えてみてください。そこに、コモディティ市場を突破するブレイクスルーのヒントが隠れているかもしれません。

本章では5パターンの成功事例を取り上げながら「購買喚起ワード」の効用について解説しました。

このように、購買喚起ワードを効果的に活用することで、さまざまな商品カテゴリーにおいて消費者の心をつかみ、売れる商品をつくることが可能です。

重要なのは、商品の本質的な価値を理解し、それを消費者に最も響く形で伝えることです。そのためには、消費者ニーズへの深い理解と、購買喚起ワードへの変換スキルが不可欠となります。

第6章

自分事化で、消費者ニーズがわかるようになる

今の訴求で、あなたはその商品を買いますか？

商品を開発し、売り出す際に、多くの企業は「消費者にどうアピールするか」を一生懸命に考えます。どのように訴求すれば購買意欲を刺激できるのか、他社商品との差別化はどうすればいいのか、あらゆる角度からマーケティング戦略が練られます。

しかし、ここで一度立ち止まって考えてみてください。

「今の訴求で、あなた自身ならこの商品を買いますか？」

自分自身が消費者として、その商品を本当に欲しいと感じるか。家族や親しい人に対して、心から勧められる商品になっているか。

これは非常にシンプルでありながら、**重要な問い**だと思っています。

商品開発やマーケティングに携わっていると、自社の製品を客観的に見るのが難しくなりがちです。ずっとその商品のことを考えていると、何が評価されていて、何が評価されないのか、何が正しくて何が間違っているか、だんだんよくわからなくなってきます。

そう、**消費者目線が薄れてくる**のです。

しかし、消費者目線で「自分が買うかどうか」を冷静に判断できれば、その商品の本当の魅力や課題が見えてくるはずです。

昔の自分に聞いてみよう

あなたが今の会社に入社する前のことを思い出してください。

「そのカテゴリーの製品を使っていましたか？」

「自社の商品を使っていましたか？」

「カテゴリーや自社製品についてどう思っていましたか？」

昔のあなたは、今の商品広告を見て「この機能、私に必要だな」「これを使えば、生活が便利になりそう」と感じるでしょうか？

それとも、「まぁ、なくても困らない」「他にもっと良い選択肢があるかも」と、興味を持てないまま見過ごしてしまうでしょうか？

この問いを考えることで、消費者に響く訴求ができているかどうかが明確になります。

どんなに優れた技術や機能が詰まっていても、消費者に「欲しい！」と思わせる具体的な価値が伝わっていなければ、購買にはつながりません。自分自身がその商品に対して、買う価値を感じられない場合、その理由を見つけ出すことが次の改善策につながります。

もし、「昔の自分は買っていたと思う」「今の自分もすごく良さを感じている」と思えるのであれば、それは消費者に響く強力な価値を持っている証拠です。自分が感じる商品の価値を言語化してみてください。

「プロセス感情の言語化」を使って、自身の体験や感情を言語化してみましょう。そうして出てきた価値は、自社商品を売り出すための強力な訴求ワードになることでしょう。

機能や価格だけで売ろうとしていないか？

私たちはしばしば、商品を機能や価格だけで売ろうと考えがちです。

しかし、消費者にとって本当に大切なのは、その商品が

「自分の生活をどう変えてくれるか」

「自分にとってどんな価値をもたらすか」

ということです。

これらをふまえ、

「今の訴求で、あなたはその商品を買いますか？」

このシンプルな問いに対して、イエスと自信を持って答えられるのであれば、その商品は正しい方向に進んでいると言えるでしょう。

しかし、もし少しでも迷いがあるなら、訴求方法や商品自体を見直すチャンスです。

自分や身近な人が本当に喜んで使いたくなる商品をつくることこそ、長期的な成功の鍵となるはずです。

「感情が動いた体験」だけが「情緒価値」をつくることができる

商品やサービスを選ぶ際、消費者は機能や価格だけで選んでいるわけではありません。私たちが本当に惹かれる商品には、**何か特別な「情緒価値」**が備わっています。それは、驚きや感動を伴う瞬間、心が動かされる体験です。

この情緒価値は、商品そのものが提供する機能を超え、視覚、聴覚、触覚、味覚など、**私たちの感覚を通じて「感動」を生み出すことで生まれます。**

消費者の感情を動かすには、ただ期待を満たすだけではなく、**期待を超える体験**が必要です。「すごい！」「こんなことを期待していなかった！」と感じる瞬間こそが、情緒価値を生み出します。

逆に、どれだけ機能が優れていても、予想どおりの体験に終われば、それは「普通」という評価にとどまり、消費者の心をつかむことは難しくなります。

消費者として心を動かされた商品体験①
——期待を超えたおせんべい「瀬戸しお」

商品によっては
「うちの製品は数百円程度だし、感動を与えるのは難しい」

と感じる人もいるかもしれません。

実際、特別な体験を提供するのは高価な商品だけではありません。期待をわずかに上回るだけで、消費者の感情を動かすことができます。

ここで、私が実際に心を動かされた商品体験を紹介します。


ある日、子どもが家に友達を連れて来るということで、おせんべいを買いに行きました。最近は卵や小麦アレルギーの子もいるので、おせんべいが安心です。しばらくおせんべいを買っていなかったので、どれにしようか迷いましたが、子どもが食べやすそうなスタンダードな塩味でたくさん入っている「瀬戸しお」を買いました。

家に帰ってきてちょっと小腹が空いていたので、何気なく一袋空けて食べてみました。すると、驚きのサクッとした軽い食感が！

「え？　こんなに柔らかくてサクッとしているの？」

私の頭の中では、おせんべいとは硬い食感という固定概念があったようです。サクッのあとは、うまみのある塩味があとから追いかけてきます。

「この塩味、やめられない！」

子ども向けに買った瀬戸しおを、気づいたら5、6枚食べていました。

「しまった、もう止めないとなくなっちゃう！　これはあと引くなぁ」

この期待を超えた「サクッと体験」が忘れられず、記憶に残る瞬間となりました。

誰かが集まるときや、ふと小腹が空いたときに、自然と瀬戸しおを選ぶようになったのです。

消費者として心を動かされた商品体験②――ニッスイ「ちゃんぽん」冷凍食品

私は冷凍食品が大好きです。買って置いておけば好きなときに食べられるし、最近の冷凍食品は本当においしいので、いつも数種類、冷凍庫に買い置きしています。

あるとき、冷凍ラーメンが販売されているのが気になって、子どもが好きなちゃんぽんを買ってみました。中身を空けると、びっくり！　なんとパウチ一杯に野菜がギッシリ詰まっていました。

「こんなに野菜がたっぷり入っているの？」

時短のために生協のミールキットを使ってよく料理をしますが、ミールキットでつくるくらいの野菜が入っていたのです。これならミールキットを使うよりも安く、手軽に調理することができます。

そして、ちゃんぽんのスープが本当においしい。ミルキーでコクがあって、うまみも感じます。麺もモチモチしていて完全にハマってしまいました。忙しい日の夕食は、野菜も摂れて調理もすぐに終わる、子どもが好きなちゃんぽんを買うことが我が家の定番なりました。

「ちょっとした期待を超える」レベルで、「情緒価値」は十分生まれる

これらの体験に共通しているのは、**ちょっとした期待を超える瞬間が「情緒価値」として私の心に残り、その商品を繰り返し選びたくなるきっかけになった**ということです。単なる「食事」や「おやつ」としてではなく、「驚き」や「感動」を与えてくれた商品だからこそ、記憶に残り、私自身の中で特別な存在になっているのです。

情緒価値を生み出すことができた商品は、**消費者にとって単なるモノではなく、生活を豊かにするパートナーのような存在に変わります。**そして、その商品を手に取るたびに、消費者は**「期待以上の体験」**を再び味わいたくなり、**リピート購入**につながっていきます。何度も買ううちに、初めての感動や記憶が薄れたとしても脳裏に刻み込まれています。

情緒価値を生み出すためには、特別なことをする必要はありません。

しかし、**消費者が期待する一歩先の「WOW体験」を提供する**ことが大切です。

例えば、食感や風味、使い勝手など、商品にわずかな改善を加えるだけでも、消費者に驚きや感動をもたらすことができます。そして、その小さな「WOW」が消費者の心に響き、長く愛される商品となります。

いかがでしたでしょうか？

私たちは、機能や価格を超えた情緒価値によって、商品をより深く愛するようになります。消費者の心に残る商品をつくり出すために、まずは**自社の商品に期待を超える瞬間があるかどうかを確認しましょう**。なければつくり出すしかありません。それが結果的に、消費者との強い絆を築き、リピート購入やブランドの信頼を築く大きな力となるのですから。

なぜ「自分感覚」と「消費者感覚」を重ねることが大事なのか？

商品開発やマーケティングに携わる中で、よく耳にするのが「消費者目線で考える」というフレーズです。これは、消費者がどんなニーズを持っているかを理解し、それに応じた商品やサービスを提供することが成功の鍵だからです。

しかし、これだけでは足りません。消費者のニーズに応えることは重要ですが、同時に「自分感覚」を重ねることが、より価値ある商品開発につながります。

「自分感覚」とは、自分自身がその商品をどう感じ、どう使いたいかという視点です。マーケターや商品開発者が自分ならその商品を本当に欲しいと思えるか、その視点を持つことで、商品はより深みを持ち、消費者の心に響くものになります。

商品開発者やマーケターは、日々自社の商品について考え続けていて、商品の改良点、ターゲットへの訴求、広告戦略に至るまで、頭の中はその商品でいっぱいです。

しかし、**消費者がその商品について考える時間は、ほんの一瞬に過ぎません**。売り場で商品を目にしても、数秒しか注目されないこともあれば、広告を見てもスルーされることはよくあることです。

その現実を理解した上で、商品を消費者にアピールするためには、商品開発者自身が「消費者としてどう感じるか」を大切にする必要があります。

私たちも日常生活では消費者として商品やサービスに接しています。新しい商品を使って**「これは便利だ！」**と感じた瞬間や、逆に**「もう少しこうだったら……」**と感じる不満。この感覚は、多くの消費者に共通するものです。

単に消費者調査やデータに基づいて商品を設計するだけでは、本当に「欲しい」と感じさせる商品を生み出すことは難しいかもしれません。なぜなら、**数字や分析だけでは、人々が感じる「使いたい」「感動したい」といった感情の部分までカバーするのは難しい**からです。

ですから、**ぜひ直接、消費者の声を聞きましょう**。消費者の生の発言を、自分自身の中に落とし込みましょう。そして、自分自身がその商品にどれほど共感できるか、自分ならその商品を買うのかという問いを持つことで、初めて開発者自身が消費者の立場に立って考えることができます。

日常生活で感じる「これが便利だな」「こうだったらもっといいのに」という感覚を大切にしてほしいのです。商品にどんな機能を盛り込むべきか、どんなメッセージで訴求するか。最終的にはマーケターや開発者自身が判断していくことになります。

自分の日常の中で得た体験を商品開発に反映し、「これはイケる」という感覚を持

つことが成功への鍵です。

自分の感覚を信じることが、消費者の心に響く商品をつくり出すための重要な要素です。**あなたが「これが欲しい」と思う商品は、きっと他の誰かも欲しいと思う**はずです。その感覚こそが次のヒット商品を生み出すヒントとなります。

自分の感覚を大切にしながら、同時に消費者の声にも耳を傾けることで、バランスの取れた商品開発が可能になります。**自分自身の感覚と消費者のニーズが一致したとき、商品は深みを増し、消費者の心にしっかりと響くものになる**でしょう。

消費者に愛される商品をつくり出すためには、**「自分自身も消費者の一員である」**という意識を持つことが大切です。自分感覚と消費者感覚の両方を重ねることで、より深い価値を提供し、長く愛される商品やサービスが誕生します。

これからも、自分の感覚を信じつつ、消費者に共感される商品開発に挑戦してみてください。その先には、消費者の心を動かし、長く支持されるすばらしい商品が待っているはずです。

おわりに——世の中に、フィールドマーケターを増やしたい

マーケティングリサーチ業界に身を置いて、20年近くが経ちました。私が最初に入社した会社は、ドゥ・ハウス（現在はエクスクリエに改名）という会社で、当時から業界内では少し変わった存在でした。

何よりもフィールドワークを重視する、徹底した現場主義の企業で、その考え方を叩き込まれました。そこでは、社員を教育する多くの修業（独自の研修プログラム）がありました。私の根本を形成したいくつかの概念をご紹介します。

◎なってみる

これは、調査対象に「なりきる」という修業です。「じっと木を見つめた後に、3分間木になってみろ」と言われました。当時は驚きましたが、実際にやってみると、木の気持ちが少し理解できたような気がしました（笑）。

この修業を通じて、ただ言葉で説明するのではなく、自分でやってみて感じることの大切さを学びました。徹底して被験者になりきります。同じ商品を使い、同じ行動をとって、対象と同化しその考え方や気持ち、ニーズを自分に落とし込みます。シャンプーの案件で、女性の気持ちになるために髪を長く伸ばした先輩もいました。

◎ありありと見る

ただ目で見るだけでなく、五感をフルに使って対象を感じ取る訓練です。例えば、リンゴを観察するとき、色やツヤだけでなく、手の平で持つ、ほっぺたにくっつけてみて手触りや匂い。味までも言語化してみます。かじった瞬間の感覚、滴る汁や広がる香りなど、すべてを詳細に表現していきます。

この体験は、今でも商品を分析する際の視点として活きています。固定観念にとらわれず、物事を多面的に捉える力を養いました。

◎相手から自分を見る

この修業は、さまざまな視点から物事を捉える訓練です。例えば、椅子に座り、その椅子の立場になって自分を感じ取る。次に天井から、あるいはハエの視点から自分を見てみる。このように、異なる角度から物事を見つめることで、多様な視点を持つことの大切さを学びました。

◎黒い粘土と白い粘土を見る

これは、人が表面上話していること（白い粘土）と、本音（黒い粘土）を見極める訓練です。例えば、母親が「子どものために栄養のあるものをつくりたい」と言っているとき、その言葉の裏にある本音を探る視点を持つことが重要です。その裏には、「自分の手間がかからないものをつくりたい」という本音を持っているのかもしれません。この訓練は、インタビューの際に役立っています。本音がどこにあるのかを見極め、深掘りしていくための重要なスキルです。

入社した後は社員全員がこんな修業をします。当時は「木になれ、椅子になれ」と言われて困惑したこともありましたが（笑）、今でもすぐに言えるくらい自分の中に浸透し、すべてが役に立っています。

新規の案件を受注すると、「とにかく売り場を見に行け」「誰かが商品を買うまでずっと売り場を観察してこい」とよく言われました。どんな人が買っているのか、客層をよく見て、売り場に置いてある競合をよく見て、なぜ売れているのか、なぜ売れていないのか、自分なりに考えてこいと上司から言われたものです。

身近な人に片っ端から何の商品を使っているか聞き込みをして、自分なりの仮説を立てたものでした。修業の成果のかいあって、多角的な視点で仮説をつくる力が養われました。

現場を観察し、自分なりの仮説を立て、消費者の感覚と自分の感覚を重ねる――。これこそがフィールドワークの醍醐味です。現場を知ることが、真の消費者理解につながり、優れたアウトプットを生み出す源泉となります。現場に出て、リアルな消費者の行動を観察すると、五感で感じることでしか得られない気づきがあります。

時代が進み、**マーケティングの手法は変化していますが、現場で得られるリアルな消費者体験の重要性は変わりません。**

最近では頻繁にジョブローテーションを行なう企業が増え、それに伴い経験の浅いマーケターも増えました。消費者の声を聞いていない、生活現場を見てないとおっしゃる方も多く、フィールドに足を運ぶ機会が少なくなったように感じます。

だからこそ、私は**「今こそ、フィールドマーケターを増やしたい」**と強く思っています。現場に出て消費者の声を直接聞き、彼らのニーズを感じ取ること。それが、真に消費者の心に響く商品をつくり出すための鍵だと思っているからです。

ＡＩが進化し、調査業界も効率化を迫られています。効率化できる部分はきちんと進めなければなりませんが、フィールドワークを効率化してはいけないと思います。

フィールドマーケティングこそが、より良い顧客体験をつくり出すひらめきの源泉です。現場でしか得られないリアルなインサイトが、次の大ヒット商品を生み出します。

この本で私が一番お伝えしたかったのは、フィールドワークの大切さです。**机上のデータや理論だけでは見えてこない「消費者のリアル」を知り、そこから得たひらめきを商品開発やマーケティングに活かしていく――。**

これが、私が目指しているマーケティングの姿です。

もっと多くのフィールドマーケターが世の中に増え、消費者の心を動かす商品やサービスを生み出していくことを願っています。現場で得られる気づき、ご自身が見つけた気づきこそが何よりも大切です。それが、マーケティングの本質であり、皆さんの成功への道標だと強く願っています。

本書が今後の皆さんにとって少しでもお役立ていただけたら、著者としてこれほどうれしいことはありません。

2024年10月

犬飼江梨子

参考文献

◎『心脳マーケティング』ジェラルド・ザルトマン・著、ダイヤモンド社、2005年
◎『ビジネスに活かす脳科学』萩原一平・著、日経BPマーケティング、2015年
◎『Hierarchy of Needs』Abraham Maslow・著
◎『ヒット商品を生む！　消費者心理の仕組み』梅澤伸嘉・著、同文館出版、2010年
◎『消費者ニーズ・ハンドブック』梅澤伸嘉・編著、同文館出版、2013年
◎『実践 顧客起点マーケティング』西口一希・著、翔泳社、2019年
◎『ジョブ理論』クレイトン・M・クリステンセン・著、ハーパーコリンズ・ジャパン、2017年
◎『円環モデルからみたパーソナリティと感情の心理学』ロバート・プルチック、ホープ・R・コントほか・編著、福村出版、2019年
◎『The Six Human Needs』Ron Simplified Myers・著、Independently published、2019年
◎『ブランド論——無形の差別化を作る20の基本原則』デービッド・アーカー・著、ダイヤモンド社、2014年
◎『ヘルスケア・ビジネスの図本』西根英一・著、株式会社ヘルスケア・ビジネスナレッジ、2024年
◎『誘うブランド——脳が無意識に選択する。心に入り込むブランド構築法』ダリル・ウェーバー・著、ビー・エヌ・エヌ新社、2017年
◎世界「失敗」製品図鑑——「攻めた失敗」20例でわかる成功への近道』荒木博行・著、日経BP社、2021年
◎『電通現役戦略プランナーのヒットをつくる「調べ方」の教科書』阿佐見綾香・著、PHP研究所、2021年
◎『「欲しい」の本質』大松孝弘、波田浩之・著、宣伝会議、2017年

【著者プロフィール】

犬飼江梨子（いぬかい・えりこ）

消費者心理分析専門家。株式会社イー・クオーレ代表取締役。米国NLP 協会認定マスタープラクティショナー。LAB プロファイルトレーナー。

2005 年、株式会社ドゥ・ハウス（現・株式会社エクスクリエ）に入社。マーケティングリサーチ部に所属。食品、飲料、化粧品、医薬品、日用雑貨品のメーカーを主なクライアントに持ち、クライアントの課題解決に向けて、定量調査から定性調査まで幅広い調査に携わる。

2013 年、株式会社イー・クオーレ創業。定性調査をメインの事業に据える。膨大な質的データをわかりやすくビジュアル化することが得意。消費者心理分析専門家として、20 年間に500 案件以上を受託し、2 万人の消費者にインタビューを実施。人の心と脳の仕組みを学び、インタビューに活かすため、心理学・脳科学について学ぶ。心理学的アプローチを取り入れたラポール形成、深層心理を掘り下げるインタビュー手法について研究。エビデンスを踏まえてユーザーを体系的に分類するプロファイリングメソッドを確立。リサーチ結果からより精度の高いセグメンテーションとターゲティングを可能にした。狙うべきメインターゲットに対し、どのような施策を行なうべきかの提言には定評がある。全国各地での講演会や「デジタルマーケターズサミット」への登壇、「MarkeZine」（翔泳社）等の各種メディアに寄稿し情報を発信中。
◆株式会社イー・クオーレ HP　https://ecuore.co.jp/

「消費者ニーズ」の解像度を高める

2024 年 11 月 26 日　　初版発行

著　者　犬飼江梨子
発行者　太田　宏
発行所　フォレスト出版株式会社
〒 162-0824 東京都新宿区揚場町 2-18　白宝ビル 7F
電話　03 - 5229 - 5750（営業）
03 - 5229 - 5757（編集）
URL　http://www.forestpub.co.jp

印刷・製本　日経印刷株式会社

ISBN978-4-86680-292-3　Printed in Japan

「消費者ニーズ」の
解像度を高める

読者の方に無料
特別プレゼント

◆コンセプトメイキングフォーマット

（PowerPoint ファイル）

◆購買見込み試算フォーマット

（Excel ファイル）

◆インタビューフロー Sample

（PDF ファイル）

著者・犬飼江梨子さんより

本書の中でお伝えしたように、本当の読者ニーズを明らかにできたとしても、そのニーズを商品・サービスのコンセプトに落とし込み、購買につなげなければ意味がありません。その際に活用できる「購買見込み試算フォーマット」ほか、計３つのコンテンツを読者特典としてご用意しました。著者・犬飼さんからの、本書の読者限定の貴重な特典です。ぜひダウンロードして本書と併せてご活用ください。

特別プレゼントはこちらから無料ダウンロードできます↓

https://frstp.jp/needs

※特別プレゼントは Web 上で公開するものであり、小冊子・DVD などをお送りするものではありません。
※上記無料プレゼントのご提供は予告なく終了となる場合がございます。あらかじめご了承ください。